일체화 하느님과
사람의 조응

지은이 최윤수

엠_애드

목 차

들어가며 … 10

일체화 하느님
하느님의 실재와 작용
  하느님에 대한 의심 … 14
  하느님은 존재하심 … 16
  하느님은 격절 유일신 … 20
  하느님의 일체화 작용 … 21
  진화는 하느님의 존재와 무관 … 25
삼일신고
  본문과 개요 … 28
  1. 하늘 … 32
  2. 조화신 … 38
  3. 교화신 … 46
  4. 치화신 … 56
  5. 참 … 65
  6. 허망 … 73
  7. 길 … 79
  8. 행함 … 84
  삼일신고 구성과 삼일 … 93

하느님과 사람의 조응
참을 통한 조응 … 100
공경과 감응 … 104
   하느님 공경과 응답 … 104
   하늘이치에 조응하는 바른마음 … 113
   지성감응 … 119
하느님의 사회 조교치화 … 129
사람의 사회 조교치화 … 135
   사회 조화 … 135
   사회 교화 … 141
   사회 치화 … 144
천부경에서의 조응 … 159
   천부경 … 159
   문장의 일체화 아름다움 … 159
   내용의 일체화 조응 … 163
   천부경에서의 진선미 … 166
   주해 … 166
전통 하느님 신앙 … 185
   고유의 도 … 185
   하느님 신앙의 전래 … 188
   하느님 칭호 … 193
   무가에서의 하느님 … 197
   기독교의 하느님 칭호 … 200
[참고문헌] … 203

일체화 하느님과
사람의 조응

들어가며

　어렸을 때부터 하느님에 대하여 들었고 애국가를 부르며 하느님이 우리를 보우하심을 자연스럽게 느끼고 생각하면서 자랐고 지금은 하느님께 기대어 산다. 사회가 발달하고 정보화가 진행되면서 현상 대부분이 제도권 학교에서 가르치는 바와 같이 객관적 이치대로 설명되고 사람의 생존에 대한 걱정은 덜어진다. 이러한 가운데 하느님은 사람 앞에 현시하지 않으므로 하느님에 대한 믿음은 주관적인 신앙으로 인식되어가며 점차 하느님의 실재에 대해 회의적으로 생각하는 사람들이 많아지고 있다.
　우리는 만물을 보면서 타고난 성품을 간접적으로 발현한다. 이 방법으로는 사물의 이치를 통해서 하느님의 작용과 모습을 간접적이고 제한적으로 인지할 수 있을 뿐이어서 하느님의 실재에 대해 의심하게 된다. 하느님은 만물을 창조하므로 물적 존재이면서 또한 정신이므로 영적 존재이다. 하느님과 하느님을 모시는 신령의 세계를 인지하기 위해서는 물적 영적으로 겸해서 인지해야 한다.
　영적으로 하느님을 인지하기 위해서는 무넘무상하며 직접적으로 성품을 돌아보아야 함에 대해 논의하며 신령을 접한 경험적 사례들을 인용한다. 하느님은 격절 유일신임과 하느님의 낳고 기르고 사회활동하게 하는 일체화 작용에 대하여 논의한다. 전승된 경전들인 삼일신고, 천부경, 참전계경의 내용을 바탕으로 하느님은 몸은 하나이되 작용은 조화(造化), 교화,

치화(治化) 즉 조교치화(造敎治化)의 셋으로 하는 삼일신(三一神)임에 대하여 설명한다. 하느님은 사람에게 성품과 명과 정기의 세 참[眞]을 주었고 사람은 그 세 참을 돌아보아서 하느님과 조응해야 됨과 하느님의 작용에 조응하여 사람도 사회를 조교치화하며 일체화해야 함에 대해 정리한다.

절대자에 대한 신앙은 보편적이어서 대부분의 나라에 존재했다. 우리나라에도 절대자 하느님에 대한 신앙이 이어져 내려와 여러 문헌에서 하느님 신앙을 찾아볼 수 있고 그 신앙이 경전으로 전해지게 되었다. 이러한 경전들이 출현하게 된 배경이 되는 고유의 도와 전통 하느님 신앙에 대해 정리한다.

여기서는 하느님의 실재와 작용 및 하느님과 사람의 조응을 중심으로 논하므로 하늘성품, 감정, 사랑, 아름다움, 정의, 삼일(三一)과 화행(化行) 등에 대해서는 중복을 피하고자 간략하게 설명한다. 자세한 설명은 졸저『일체화 사랑과 영혼의 성장』을 참고하기 바란다.

지금은 인공지능이 많은 일을 하고 공중을 날아다닐 수 있는 대량살상무기들의 위협이 커졌다. 글로벌화 시대에서 형상을 가진 사물의 세계에만 집착하고 자기의 정의만을 주장하다가 사고라도 나면 예측불허의 불행이 생길 수 있다. 이러한 때 우리는 어느 때보다도 천지의 실상을 보고 일체화하는 진리를 따라야 한다. 남녀 차별, 인종차별, 국가 차별, 문화 차별 등 차별이 타파되어야 평화공존의 세계가 이루어진다. 종교 차별도 중요한 문제이다. 종교적으로 차별하면 정신적으로 갈라서서 상대방을 인정하지 않게 되어 화합하지 못한다. 하느님을 믿고 이웃을 사랑하고자 하는데 단지 그 믿는 형식이 다르다고 차별하고 인정하지 않으면 일체화를 거스른다. 일체화를 거스름은 일체화 하느님을 거스름이다. 일체화는 하느님 신앙의 가장 첫째 계율이 될 것인데 그것을 어기면 다른 계율은 종단 울안에서 지키는 계율이 된다. 하느님을 믿고 이웃을 사랑한다면 모두 같은 하느님을 믿는 것이니 서로를 존중해야 한다. 나철이 이웃 종교도 존중하라고 했고 간디가 '나는 힌두교도이고 무슬림이고 기독교인이고 유대교인이다' 라고 말한 것처럼 하느님을 믿는 종교들은 모두 같은 종교라 할 수 있다. 세계 평화를 위해서 종단들이 서로 존중하고 대화하고 화합하기를 소망한다.

제000일은 참전계경의 제000일을 지칭한다.

일체화 하느님

하느님의 실재와 작용

하느님에 대한 의심

문물이 발달하여 지구촌 사람들이 의식주와 질병에 대한 걱정이 작아져서 점차 하느님을 믿지 않는다. 고난이 닥칠 때야 하느님을 찾지, 아무 일 없고 의식주를 다 갖추고 내 몸 편안한데 하느님이 있으나 없으나 무슨 상관이냐고 할 수 있다. 서양 중세시대에 삶에 두려움이 없으면 하느님을 믿지 않는다고 해서 이성적인 생각을 막고 두려움을 조장하기도 했다.[1] 또 과학의 이치대로 원인과 결과에 따라 일상생활이 이루어지는데 초월적인 하느님의 개입을 받아서 일의 진행이 달라지면 이치대로 안 되며 그런 일도 일어나지 않는 것처럼 생각이 된다. 그래서 마르크스나 프로이트는 인간이 신을 만들고 거기에 지배당한다고 했다. 뇌과학자들은 우리의 정신작용은 뇌의 화학물질들의 작용이라고 하여 자유의지도 없는 것으로 생각하기도 한다.

사람마다 재능이 다 다르고 하는 역할이 다 다르다. 그런데 하느님을 믿는 신앙을 가지면 모든 사람의 목표가 한 가지가 되어서 다양성이 훼손되는 것처럼 생각된다. 개개인이 타고난 재능대로 하고 싶은 일을 자유롭게 하지 못하고 신앙생활을 하든지 신앙을 위해서 재능을 사용해야 할 것처럼 여겨진다. 예를 들면 그림을 그리며 멋진 표현을 하고 싶은데 그 시간에 기도하라고 하거나 종교적 그림을 그리도록 한다면 자유가 침해받는다. 생계활동을 할 때는 정해진 일을 해야 하고 여가시간에는 여러 가지 선택지

---

1) 이영진, 『철학과 신학의 몽타주』, 홍성자, 2015, 36쪽.

가 많다. 한가한 시간에 무엇을 할까. 영화를 볼까, 경치 좋은 곳으로 놀러 갈까, 아니면 책을 읽을까, 어디 가서 봉사를 할까 하는 등의 선택지가 많다. 사람은 여러 가지 가능한 선택지 중에서 자유롭게 선택하고 싶어 한다. 신앙을 가지면 이러한 자유로운 선택에 제약이 따를 수 있다고 생각하기도 한다.

하느님은 사람에게 모습뿐만 아니라 소리나 기 등 어떠한 형태로든 사람이 직접적으로 인지 가능한 방법으로 모습을 나타내지 않는다. 그 이유는 하느님이 사람에게 성품과 몸과 함께 스스로 살아가는 자율성을 주었기 때문이다. 만약에 절대자 하느님이 사람 앞에 현시한다면 사람에게 자유를 주고 자율성을 갖게 한 의미가 없어질 것이다. 사람은 다른 사물들을 보면서 비교하고 생각하면서 이치를 발견하고 살아가는 상대적인 세계에서 생활한다. 이런 상황에서 절대자인 하느님이 사람에게 직접 현시하면 사람의 존재는 사라지고 하느님밖에 없게 된다. 사람의 의지는 사라지고 절대자인 하느님만 따라야 하기 때문에 사람의 존재 의미가 사라진다. 이러한 이유로 하느님이 사람에게 직접적으로 현시하지 않으므로 사람은 하느님의 존재에 대해서 확신하지 못한다.

사람은 태어날 때 천지로부터 몸과 성품을 받아서 사람의 정체성을 가지고 개나 고양이가 아니라 사람답게 행동한다. 천지의 임자는 하느님이므로 몸과 성품은 하느님으로부터 받는다. 그 성품을 발현하는 방법에는 직간접의 두 가지 방법이 있다. 외부 물체를 보고 간접적으로 성품을 발현할 때는 외부 개체들의 활동에서 나타나는 성품에 국한해서 성품을 발현하게 되며 하느님의 존재를 사물의 이치와 모습에서만 간접적으로 인지하게 된다.

이치의 정교함이나 찬탄을 자아내게 하는 아름다운 자연과 생태계를 통하여 천지가 신묘하며 하느님이 반드시 있다고 믿을 수 있다. 또한 인생을 살아온 과정을 돌아보면 하느님의 계획대로 다 진행되었다고 여겨지기도 한다. 그러나 이러한 믿음은 직접적으로 하느님의 존재를 인지한 것이 아니고 자연이나 경험을 통하여 간접적으로 인지한 것이어서 주관적 믿음으로 간주된다. 주관적 믿음은 객관적 이치에 입각하는 과학주의에서는 배척 대상이다. 그래서 사람들은 하느님의 존재에 대해서 반신반의하게 되어 어떤 사람은 하느님이 존재한다고 하고 어떤 사람은 하느님은 없다고 하고 어떤 사람은 모르겠다고 한다. 불가지론자가 무신론자보다 많은 것으로 조사된다. 불가지론자들은 하느님에 대한 확신이 없는데 주위 사람들이 하느님을 믿으니까 정말 있나 라는 생각을 하거나 하느님이 나에게 직접적인 방법으로 영향을 주지 않으므로 하느님이 있으나 없으나 내 삶에는 의미가 없다고 생각한다.

하느님은 존재하심

무신론자들은 안 믿겠지만, 세상에 이치가 있어서 해가 뜨고 지고 일 년 사계절이 변하는 가운데 세상일이 이치대로 진행되어야 한다는 사실이 하느님의 존재를 증명하는 것이다. 하느님은 일체화 하느님이므로 세상에 불변하는 하늘이치를 만들어서 만물이 이치에 의해 관계를 맺으면서 공존한다. 하느님은 또한 사랑의 하느님이 되어서 만물이 서로 당기며 일체화 하도록 한다. 창조과학회 학자들처럼 우주와 생명체들이 신비로울 정도로 과학적으로 이루어졌음을 알고 하느님을 믿는 학자들도 많다.

우리의 감정에 신성한 감정이 있음도 하느님이 계심을 보이는 것이라 할 수 있다. 감정은 자극 없이 일어나지 않고 외부 자극이 오면 마음이 반응하고 그 마음과 성품이 부딪혀서 생긴다. 그러므로 신성한 감정은 우리의 성품이 하느님의 신성함을 인지하기 때문에 느껴지는 것이다. 신성함이나 숭고함을 느끼고 몰입하는 가운데 우리의 영혼이 고양됨을 느낀다.

하느님으로부터 받은 성품 즉 하늘성품을 온전하게 발현하기 위해서는 외부 사물을 접하면서 이치를 깨우치며 성품을 간접적으로 발현함과 함께 성품을 직접 발현하는 내부 수행을 겸해야 한다. 성품이 마음과 감정 이전에 태어날 때 우리에게 주어지기 때문에 감정을 그치고 무념무상하면 성품이 직접적으로 발현된다. 무념무상하며 내부 수행하여 성품을 통해가면 천지가 하나 됨에 통해간다. 그 천지에 하느님의 영적인 세계도 포함되어 있어서 기도하거나 수행하면서 신령과 접할 수가 있다. 하느님은 직접 뵐 수가 없으므로 하느님과 함께하는 신령을 접한다. 마음 비우며 하는 기도는 수행에 포함된다. 우리가 이치를 깨우치거나 남의 말을 경청할 때는 내 주장을 하지 않고 정신을 집중해서 상대방의 말을 듣거나 그 이치를 생각한다. 마음을 비우고 내 생각이 없는 무념무상의 상태에 있으면 신령과 접할 수 있는 조건을 갖춘다. 신령을 접함이 가능해지려면 성품에 그 능력이 잠재되어 있어야 가능하다. 내가 신령에 접하는 것이므로 내 안의 성품에 접함의 능력이 갖춰져 있어야 내가 인지할 수 있다. 신령은 하느님과 사람 사이를 이어주는 매개자 역할을 한다.

마음 비우고 내부 수행을 하면 종단에 상관없이 또 하느님을 믿지 않아도 사람에 따라서 영성이 통하기도 하고 신령을 볼 수도 있다. 테레사 수녀는 자신의 안락을 돌보지 않고 기도하며 봉사만 하는 생을 살아서 '목소리' 계시를 듣게 되었고 그에 응답했다.[2] 그 외에 수많은 사례가 있어서 직접적인 성품 발현을 통하여 신령을 보는 현상은 경험적으로 확인할 수 있다. 사람이 큰 위기에 처할 때는 하느님은 신령을 통하여 직접적으로 계시를 내려서 그 위기에서 구하기도 한다. 죽은 조상이나 신령이 꿈에 나타나 좋은 일이든지 나쁜 일이든지 예시해주면 현실에서 실현되는 예는 많다. 강력범을 잡기 위해서 몇 날 며칠을 밤낮으로 수사하는 형사들은 잠잘 때 범인의 거처가 보이거나 아니면 범인을 검거하겠구나 하는 꿈을 꾸기도 한다. 이러한 예지몽은 사람의 정성에 대한 신령들의 응답이다. 꿈에서 모르는 사람이 알려준 길대로 찾아갔더니 신기하게도 자기가 원했던 장소에 도달하게 된 경우도 있다. 이처럼 신령은 인생의 방향을 구체적으로 가르쳐주기도 한다. 신령의 존재를 부인하다가도 어떠한 계기로 신령을 경험

---

2) 신홍범, 『마리 테레사』, 두레, 2021, 58쪽.

한 예화도 많다. 세상이 이치로만 다 되는 줄로 알다가 자기가 죽을 처지에 몰리게 되자 기도해서 기적적으로 살아난 일화도 있다. 꿈에 어떠한 신령을 만나서 미래의 예지를 들음은 단순히 뇌의 작용으로 듣는 것이 아니라 신령이라는 영적 존재를 영혼으로 만나는 것이다.

예언 및 계시는 하느님의 계획된 바가 있음을 보인다. 사람이 태어날 때부터 그 사람의 일생이 어떤지 예언적으로 알아맞히는 사람이 있다. 태몽으로도 예시가 된다. 하느님은 또한 사람들의 지혜를 일깨우기 위해서 신성한 사람에게 신령을 보내어 계시하기도 한다. 소크라테스는 신령 즉 다이몬의 소리를 들었다. 데카르트는 꿈에 낯선 사람이 보여준 글귀를 생각하고 '과학의 가치와 참된 자기의 길을 열 것을 명령했다'라고 생각했다. 꿈에 '세상을 구할 자는 너와 하느님밖에 없느니라'라는 계시를 받은 사람도 있다. 기독교와 이슬람교는 신령의 계시를 받아 이루어진 계시의 종교이다.

방광은 은은하고 밝은 오렌지빛이 비치는 현상이다. 성인의 몸 뒤에 후광으로도 보이고 위대한 수행자의 사후에 보이는 경우가 있다. 성철 사후 시신이 안치된 곳 위에 방광이 여러 차례 목격되었고 한번은 방광이 피어오르고 사라지기를 20여분 동안 지속되었다고 한다.[3] 이러한 방광은 경지가 높은 영령의 작용이라 할 수 있다. 신령은 인간처럼 사람 눈에 보이지 않고 또 직접적 성품 발현을 하는 사람만 경험하므로 신령의 존재가 과학적 사실처럼 객관적으로 입증되지는 못하지만 경험적 사례들로 입증이 된다. 현대의 학문은 물질에 기반을 두어 물질적으로 증명되는 것만을 인정한다. 학자들은 자연과 사회를 관찰하고 체험하여 증명되는 간접적인 성품 발현의 방법만을 인정한다. 그러나 물질만 들여다보고 있으면 어찌 영혼의 일을 알 수 있을 것인가. 사람이 마음을 비우고 영혼의 심연까지 내려가야 하느님이 존재함을 깨닫고 신령을 접할 수 있다. 신령에 대한 체험은 기도하거나 내부수행하는 사람들에게는 일반적으로 인정되는 체험이다. 계

---

3) 원택, 성철스님 시봉이야기, 장경각, 2018, 44쪽.

시를 받는 이들은 자신의 계시만이 절대적이라 말하기도 한다. 그러나 계시는 절대적인 것이 아니고 계시해준 신령에 따라 그 성격이 다르며 그 시대 상황에 맞게 상대적으로 내려진다. 계시에는 틀린 계시도 많다. 살인마가 누구를 죽이라는 예수의 목소리를 들었다고 하기도 하고 정신병자에 수용된 사람 중에는 자기가 나폴레옹이나 찰리 채플린이라고 하는 사람들이 있다.[4] 그러나 올바르게 기도하고 수행하면 신령으로부터 올바른 계시가 내려와 올바른 일에 더욱 확신을 가지고 추진할 수 있다.

서양의 중세는 하느님은 외부에만 있는 존재이고 오직 신성이 최고이어서 사람은 종으로 자유가 억압되었었다. 사람의 본성에는 죄성이 있고 하느님의 성품과 달라서 외부 하느님을 믿어야만 구제가 된다고 생각했다. 근세에 접어들어 이성과 과학이 발달하고 인본주의가 확산되어 사람의 지위가 높아졌고 사고와 행동이 자유로워졌다. 나의 내부에 이성이 있음을 자각한 것이다. 이성은 진선미를 추구하므로 하늘성품과 같다고 할 수 있다. 현대에는 외부적 이치에만 치중해서 직접적 성품 발현에는 오히려 등한시한다. 직간접의 두 가지 모두를 병행해야 천지가 일체화됨을 온전히 깨달을 수 있다.

영혼의 세계에 대해 논하지 않으면 하늘성품 발현의 반쪽 또는 그 이상을 잃어버리는 것이다. 영혼에 대해서 아는 것은 신비 체험을 하는 것이 아니라 성품 발현을 하여 우리의 지경을 넓히는 것이다. 하느님을 모시는 신령은 이치를 어기지 않고 오히려 하늘이치에 순응한다. 사람이 수행해서 남의 마음을 읽는다든지 치병하는 등과 같은 신비한 능력을 보일 수도 있다.[5]

이러한 능력은 초월적인 비이성적인 능력이 아니라 성품에 내재되어 있으나 우리가 공부하지 않아서 그 성품을 발현하지 못하고 있을 뿐이다. '소경이 태양이 없다고 말한다고 태양이 없는 것이 아니다.' 라는 말이 있다.

---

4) 리처드 도킨스, 『만들어진 신』, 이한음 역, 김영사, 2019, 140쪽.
5) 대종교, 『대종교중광육십년사』, 대종교총본사, 1971, 244쪽.
　김정빈, 『도』, 글수레, 1985, 237-239쪽.

하느님을 믿는다고 해서 직업의 선택에 제약을 받지는 않는다. 간접적인 성품발현에는 재능 있는 분야에서 일을 하면서 이치를 깨우치며 성품 발현을 하므로 자기 적성과 재능을 제약 없이 발휘할 수 있다. 단지 세상일에 타고난 재능을 발휘하는 것이 전부라고 생각하면 안 된다. 그것은 간접적 성품 발현만 하기 때문에 반쪽짜리 인생을 사는 것이다. 무념무상하며 직접적으로 성품을 발현하고자 하는 노력을 병행해야 온전한 성품 발현을 할 수 있다.

하느님은 격절 유일신

하느님은 유일신이다. 유일신이 아니면 여러 신들이 존재하고 각각의 신마다 다른 이치를 가지고 그 신이 다스리는 지역의 사물들을 창조할 수 있다. 우주나 지구상의 지역마다 서로 다른 신이 임자가 되면 지역에 따라 사물의 이치가 다를 수가 있다. 이는 나라마다 정부가 달라서 법이 다른 것과 같다. 그런데 인류가 파악한 바에 따르면 지구의 물리는 지역에 상관없이 동일하며 우주의 물리와도 하나로 동일하다. 우주가 소립자로부터 3단계로 일체화하는 일체화 과정도 단일하며 우주는 138억 년의 장구한 세월 동안 동일한 이치로 운행되고 있다. 중세시대에는 하늘의 물리와 땅 위의 물리는 다르다고 생각했으나 과학이 발달하면서 사과가 떨어지는 만유인력에 의해 지구와 태양과 행성들의 운동이 설명되었다. 다윈 이후 사람의 성품과 마음의 작용과 감정과 감각 등 기본적인 신체와 정신작용이 인종에 따라 다르지 않고 다 같음이 증명되었다. 모든 생물은 세포를 기본 단위로 하여 구성된다. 바이러스는 핵과 세포막, 효소가 없어서 독립적으로 증식을 못 하고 다른 세포 내에서만 증식하므로 무생물과 생물의 중간 단계이다. 하느님은 이렇게 생물계도 하나의 계통으로 창조했다. 다른 동물들도 성품이 짧지만 사람과 동일한 정신과 신체의 작용을 한다. 이는 하느님은 유일하여 우주 만물에 동일한 근본으로 물질과 성품을 부여하기 때문이다.

사람은 하느님이 창조한 피조물의 하나이고 성품 발현을 통하여 하느님과 일체화할 수 있다. 사람은 하느님의 일부인데 깨우치지 못해서 사람으로 사는 존재가 아니다. 만약 사람이 절대자 하느님의 일부라고 한다면 그 하느님의 일부도 절대적인 존재가 되어야 하기 때문에 사람도 절대자가 되어야 한다. 그러나 잘 알다시피 사람은 절대적인 존재가 아니고 언제나 실수하고 능력에도 한계가 있어서 무지한 것이 많고 힘도 세지 못하다. 그러므로 사람은 하느님의 일부가 아니고 독립된 개체이다. 물질도 일체화하며 존재하지만 각 개체는 독립된 개체로 존재한다. 하느님은 초월적으로 격절된 유일신이다.

하느님의 일체화 작용

우주 만물은 하느님의 창조한 바가 되므로 하느님의 모습과 성품은 만물에 깃들어 있다. 하느님의 성품은 일체화, 다양성, 운동성, 아름다움 등 우주의 모든 성품이 다 있는데 그중에 가장 큰 바는 일체화함이다. 일체화는 한 덩어리가 아니라 속성이 다른 여러 개체가 모여 공존하며 일체화하는 다양성의 일체화이다.

하느님은 우주 만물을 낳고 기르고 공존하게끔 다스리며 일체화한다. 인간 사회도 부모가 자식을 낳고 기르고 그 후 사회생활을 하게 한다.

하느님이 만물을 낳음은 만들어 되게 함 즉 조화(造化)이다. '되게 함'[化]은 일체화하게 함이다. 조화는 하느님의 다양성을 보임이다. 다양성으로 창조된 만물은 상호작용하면서 천변만화한다. 하느님은 단순하게 만들지 않고 만물에 하느님의 물질과 성품을 주어서 만물이 만물 되게 하고 또한 일체화하는 근본을 가지게 한다. 부모에게서 몸과 성품을 받듯이 만물은 하느님에게서 물질과 성품을 받으므로 만물의 근본은 하느님으로 같다. 근본이 같아야 일체화할 수 있다. 그리고 성품은 하느님의 성품 즉 하늘성품이므로 일체화를 추구한다. 물질들은 질량, 전하, 스핀 등의 속성의 근본이 같고 서로 당기며 일체화한다. 별들로 커져도 중력과 속도가 어우러져 별들이 충돌하지 않으며 또 우주가 팽창하여 별들의 합쳐짐이 방지된다. 생명체들도 생존하기 위해서 경쟁도 하지만 하늘성품의 근본이 같아서 일체화를 추구한다. 물체를 창조할 때 각각의 물체마다 성품 즉 속성이 완전하게 다르게 창조할 수도 있을 것이지만 하느님은 물질의 근본을 같게 창조했다. 근본입자인 힉스입자로부터 소립자들이 인출되어 생성되게 하여 만물의 근본이 같다. 생물체들도 동식물 모두 유전자를 가지며 세포가 단위가 되게 창조했다. 바이러스는 핵과 몇 가지 요소를 가지고 증식하고 단세포 생물로부터 시작해서 기관들이 만들어지고 사람과 같은 거대한 개체까지 이루어진다. 그래서 생물은 계통을 가지며 그 근본이 같다.

하느님의 기름은 영혼이 일체화를 깨우쳐가며 성장하게 함이다. 육체는 먹여서 기른다고 하고 사람의 경우에는 대개 20세에 발육이 멈춘다. 사람도 부모가 자식을 기를 때 음식만 주지 않고 반드시 교육한다. 갓난이 때부터 행동 하나하나와 말 등을 자연스럽게 가르치고 또한 교육기관에 의탁하여 교육받게 하여 필요한 지식과 지혜를 습득하게 한다. 사람은 교육을 통하여 이치를 습득하고 천지가 일체 됨을 배우며 되어간다. 이처럼 하느님도 생명들을 가르쳐 되게 하는 교화를 하여 하느님에게 다가오도록 한다. 성품은 일체화를 추구하므로 성품의 발현은 일체화를 하는 것이다. 사람은 하느님의 교화를 받아서 일체화를 깨달으며 영혼이 성장한다. 하느님은 성품이치를 같게 했지만 각 사람의 모습과 성질이나 성품기운을 각기 다 다르게 하므로 사람은 각자가 반드시 공부해서 깨달아야 한다. 하느님은 또한 남쪽 풍년 북쪽 흉년과 같이 환경에 변화를 주어서 사람들이 이치를 깨닫게 하고 성장하도록 한다. 사람마다 인생도 다른 길을 걷도록 하여 고통 속에서 세상 이치를 깨닫게 하고 되어가게 하면서 성장하도록 교화한다.

사람이 장성하면 사회생활을 하는데 하느님은 사람들이 일체화하며 사회생활하도록 다스려 되게 하는 치화를 한다. 착함을 행하면 복을 주고 구별만 생각해서 남에게 해를 입히고 자기만 이롭게 하는 악을 저지를 때는 앙화를 내려 보응한다. 착하게 행함은 남과 나를 일체화하는 작용이므로 치화도 일체화의 작용이다. 하느님은 또한 별들이 공존하도록 치화한다. 우주의 별들은 장구한 세월 동안 공존하며 존재한다. 태양계와 지구가 약 46억 년의 장구한 세월 동안 큰 충돌 없이 존재하고 대부분의 천체가 수 십 억 년 동안 큰 충돌 없이 탄생부터 소멸에 이른다. 생명들이 번식할 수 있도록 지구에 기를 불어넣고 태양의 빛과 열을 쪼여 번식의 환경을 조성한다.

하느님은 만물을 조화할 때 이치대로 창조한다. 만물은 물리에 의해 소립자들로부터 3단계에 걸쳐서 우주까지 일체화한다. 그 물리는 4종류의 힘으로 수학적으로 서술되는 정교한 이치이어서 무한하게 넓은 우주로부터 비롯해서 먼지와 같이 아주 작은 것들도 정확하게 운동한다. 그래서 일년 동안에 해가 어김없이 사계절 순환하고 땅도 밤과 낮으로 분초도 틀림없이 바뀌며 돌아간다. 우리의 몸과 뇌도 인간이 연구하면 할수록 경이롭게 과학적으로 창조되었음이 밝혀지고 있다. 그리고 그러한 이치는 무궁무진하게 많아서 우리 인간은 수 십 억 명이 앞으로도 계속 연구해도 하느님의 무한한 깊이를 다 알아내지는 못할 것이다.

하느님은 다음으로 이치로 교화한다. 교육이란 이치를 가르치고 배우는 것이다. 사람은 이치를 알기 위해서 오랫동안 학교나 세상에서 공부하고 또 일하면서 배운다. 이치는 사물에 따라 다 발견되어 자연과학, 공학, 의학, 사회과학, 인문과학 등이 있고 세부 전공으로 보면 무수히 많다. 축구나 미술, 음악과 같은 예체능을 배우는 것도 어떻게 잘하는가 하는 이치를 배우는 것이다. 종교도 성스러운 종교적 감성만을 주장하고 이치가 빈약하면 크게 성장하지 못한다. 설교나 강도(講道)도 이치에 맞게 해야 하고 경전도 이치에 맞아야 한다. 경전이 이치에 맞지 않는다면 읽을 필요도 없을 것이고 포교할 수도 없을 것이다. 종교의 가르침은 진리를 가르치면서 우리의 영혼이 하늘나라에 이르도록 인도하는 것이어야 한다.

하느님이 온 누리를 다스릴 때도 이치대로 다스린다. 하느님은 우주의 별들과 행성들을 물리에 의해 조성하고 지구 위의 생물들은 생태계의 이치로 번식하게 한다. 식물들이 자라고 초식동물은 식물을 먹고 육식동물은 초식동물을 포식하여 개체 수가 조절되어 균형 잡힌 생태계가 형성된다. 육식동물이 없으면 초식동물이 너무 번성하여 식물들이 자라지 못한다. 사람사회에서는 정의를 실현하기 위해서 복잡한 제도와 법이 마련되는데 그 제도와 법은 이치에 맞게 정의롭게 제정된다. 치화는 법과 제도에 의해 이루어지므로 이치에 따른다 할 수 있다. 하느님은 착하면 복을 주고 악하면 앙화를 내리는 하늘이치로 응답하며 정의를 실현한다.

그러므로 조화, 교화, 치화 즉 조교치화는 이치대로 되게 하는 이화(理化)이다. 하느님은 사물들이 독립되지 않고 이치로 관계를 맺으며 일체화하도록 창조하고 교화를 통하여 일체화 작용을 하며 만물을 되게 하므로 순수하게 착하다. 어디를 가나 자연은 사시사철 아름답고 개체들도 나에게 위협만 되지 않는다면 아름답게 보인다. 하느님은 이렇게 자연을 아름답게도 창조하므로 하느님의 성품은 진선미를 갖춘다. 사람이 받는 하늘 성품도 하느님 성품이므로 진선미를 추구하며 일체화한다.

하느님의 작용이 조교치화의 세 작용으로 나뉘어 있고 그 작용이 확연하게 달라서 하느님은 각각의 작용을 하는 삼신으로도 불린다. 하느님은 삼신으로 나뉘어 있으면서도 일체화하여 존재하므로 셋으로 하나 되는 신 즉 삼일신(三一神)으로 불린다.

하느님은 세 능력을 가지고 조교치화한다. 세 능력은 덕과 지혜와 힘이다. 덕은 대상을 하나로 여김이며 하나의 능력이다. 대상과 통하면서 일체화하려면 그 성품이 같아야 한다. 더 큰 성품을 가지고 더 넓게 대상들과 일체화하면 덕이 커진다. 지혜는 분별하는 능력으로 옳고 그름, 크고 작음, 시기의 적절함 등을 명철하게 분별하고 계산한다. 힘은 덕과 지혜 사이에서 운동과 변화를 이루는 능력이다.

하느님은 이러한 세 능력을 가지며 또한 다 보고 다 듣는 전지전능의 능력으로 천지를 일체화한다. 하느님이 안 보는 사물이 없고 안 듣는 소리가 없는 것이 불가능할 것 같지만 온누리를 이치로 다스리기 때문에 가능하다. 매 순간 불확실한 것을 판단하여 새롭게 결정하면 복잡할 것이다. 그러나 하느님은 대부분의 일이 이치대로 자동적으로 진행되게 하면서 조교치화한다. 사람도 컴퓨터로 거대 데이터를 저장하고 논리적인 AI를 이용하여 그 데이터를 분석하여 파악한다.

진화는 하느님의 존재와 무관

진화론 학자들은 46억 년 나이의 지구에서 38억 년 전의 유기물 화석과 35억 년 전의 세포 화석을 발견해서 유기물에서 세포로 진화하는 데에 걸린 시간을 약 3억 년으로 추산한다.[6] 그 후 지금까지 꾸준하게 진화가 진행되어 현생인류와 다른 생물들이 지구상에서 활동하게 되었다는 증거를 보이는 화석들을 확보하고 있다. 창조론 학자들은 여러 가지 논리적인 사항을 들어가며 이를 반박하면서 하느님이 만물을 창조한다고 주장한다.[7]

46억 년은 장구한 시간이고 그사이에 일어난 일을 본 사람도 들은 사람도 없어서 화석을 통해서 추론은 하지만 무슨 일이 일어났는지 정확히 알지 못한다. 생물들이 진화할 때 유전자의 돌연변이를 거친다. 그 돌연변이를 자연선택이라고 할 수 있다. 또는 정신인 하느님은 처음부터 생물들이 진화하도록 창조할 수도 있고 진화 중간중간에 돌연변이에 개입하여 선택이 이루어지게 할 수도 있다. 하느님은 물질들이 힘의 법칙에 의해 일체화하는 속성이 있어서 삼 단계로 일체화하여 우주까지 형성하게 창조한다. 이처럼 하느님은 생명체도 그 성품이 대상과의 일체화를 추구하여 상호침투하며 존재하고 환경에 적응하며 진화하게 창조할 수 있다.

하느님은 물질계는 물질 자체의 이치에 의해 완전한 모습으로 운행되도록 창조했다. 그러므로 사람은 힘의 법칙을 발견하여 우주에 관해 설명하고 생화학적 이치에 의해 생태계를 설명할 수 있다. 그래서 물질세계에서는 창조주의 개입에 대하여 직접적인 증거를 찾기가 어렵다.

창조와 진화는 양자택일의 문제가 아니고 별개의 문제이다. 다윈과 같

---

6) 장수철, 이재성, 『아주 명쾌한 진화론 수업』, 휴머니스트, 2018, 134쪽.
7) 밴스 페렐, 『과학으로 본 진화론의 허구』, 홍지연, 장준익 옮김, 말씀보존학회, 2012.

은 과학자에게는 진화와 하느님의 존재는 별개의 문제였다. 진화한다고 하느님이 존재하지 않는 것은 아니다. 아인슈타인은 우주가 경외심을 일으키게 아름다우며 오묘한 이치로 설명되므로 큰 어른 또는 하느님이 있을 수 있다고 믿었다. 이는 하느님은 존재하지만 기존의 종교가 설명하는 하느님의 모습은 아니라는 의미로도 해석이 된다. 아인슈타인은 개개인의 일에 관여하는 하느님은 믿지 않는다고 했다.[8] 그러나 그 사람이 사람으로 태어나 활동했다는 사실 자체가 특정 인물로 태어나도록 명이 주어진 것이고 하느님의 뜻이 개입되었음을 보이는 것이다. 모든 사람이 개별자로서 고유의 명을 받는다. 다윈이나 아인슈타인과 같은 저명한 사람은 일생을 큰 근심 없이 살아서 그렇게 생각할 수 있다. 사람은 고초를 당할 때 마음을 비우고 기도하거나 수행하여 직접적 성품 발현을 하고 하느님의 세계를 인지하는 경우가 많다. 기도를 깊게 해본 경험이 없는 많은 과학자는 기도가 무용하고 응답하는 하느님은 존재하지 않는다고 믿는다.

생명체의 육체는 영혼이 사는 집과 같은 것이기 때문에 그것이 진화하든 안 하든 영혼의 입장에서는 상관이 없다. 집도 내가 살기 위해서는 반드시 필요하고 매우 중요하다. 그러나 그 집의 주인은 불멸하는 영혼이다.

엔트로피를 감소시키려면 에너지뿐만 아니라 이치와 그 이치가 실행되게 하는 기구의 3요소가 필요하다. 압축공기의 주입으로 탱탱해진 자전거 튜브에 구멍이 나면 엔트로피 증가 법칙에 의해 고압 공기가 대기 중으로 누설되어 튜브 내의 압력은 대기압이 된다. 구멍을 막는 작업은 별도로 하고 다시 튜브 내에 압축공기를 주입하려면 압축하는 이치 및 그 이치를 실현하는 펌프라는 기구와 펌프를 작동시키는 사람의 힘이나 전기의 힘 등에 소요되는 에너지가 필요하다. 이때 튜브 내의 엔트로피는 낮아지지만 튜브 밖에서는 에너지를 소모해서 전체 엔트로피는 증가한다.

이치를 파악하고 기구를 만들어 엔트로피를 조절하는 존재는 정신밖에

---

8) 강건일, 『진화론 창조론 논쟁의 이해』, 참 과학, 2010, 47, 54-55.

없다. 하늘 위를 떠다니는 구름이 콘크리트 건물을 짓지 않으며 땅 위에 누워있는 바위가 벌떡 일어나 AI를 구현하지 않는다. 물질은 스스로 질서를 찾아 움직일 수 없는 존재이고 하늘도 어떠한 정신의 작용 없이는 스스로 움직이지 않는 존재이다. 오직 정신이 이치로 기구를 만들고 에너지를 사용하여 엔트로피를 조절할 수 있다.

빅뱅 이론에서 태초에 가스로부터 별이 만들어질 때는 중력의 이치가 있고 기구의 작용을 하는 압축된 가스 덩어리가 있으며 중력에 의해 응축되어 별이 될 때 에너지가 감소하므로 외부에서 에너지가 공급되는 효과가 있다. 그 에너지는 입자들이 수축하며 가속되고 충돌하여 열에너지로 변화하므로 엔트로피가 증가하게 된다. 빅뱅의 존재와 빅뱅으로부터 팽창하는 입자들이 어떻게 부분부분 가스 덩어리로 뭉쳐지는지의 과정에 대한 논란이 있다.[9]

은하나 별들의 위치는 무작위로 정해지는 것이 아니라 하느님이 질서 있게 조성한다고 삼일신고는 말한다.

---

9) 밴스 페렐, 앞 책, 54쪽.

삼일신고(三一神誥)

본문과 개요

主若曰 咨爾衆 蒼蒼非天 玄玄非天 天 無形質 無端倪 無上下四方 虛虛空空 無不在 無不容

神 在無上一位 有大德大慧大力 生天 主無數世界 造牲牲物 纖塵無漏 昭昭靈靈 不敢名量 聲氣願禱 絶親見 自性求子 降在爾腦

天 神國 有天宮 階萬善 門萬德 一神攸居 羣靈諸哲護侍 大吉祥 大光明處 惟性通功完者 朝 永得快樂

爾觀森列星辰 數無盡 大小明暗苦樂 不同 一神造羣世界 神 勅日世界使者 舝七百世界 爾地自大 一丸世界 中火震盪 海幻陸遷 乃成見象 神 呵氣包底 煦日色熱 行翥化游栽物 繁殖

人物同受三眞 曰 性命精 人全之 物偏之 眞性 無善惡 上哲通 眞命 無淸濁 中哲知 眞精 無厚薄 下哲保 返眞一神

惟衆迷地 三妄着根 曰 心氣身 心依性 有善惡 善福惡禍 氣依命 有淸濁 淸壽濁殀 身依精 有厚薄 厚貴薄賤

眞妄對作三途 曰 感息觸 轉成十八境 感 喜懼哀怒貪厭 息 芬殱寒熱震濕 觸 聲色臭味淫抵

衆 善惡淸濁厚薄 相雜 從境途 任走 墮生長肖病歿苦 哲 止感調息禁觸 一意化行 返妄卽眞 發大神機 性通功完 是

주약왈 자이중 창창비천 현현비천 천 무형질 무단에 무상하사방 허허공공 무부재 무불용

신 재무상일위 유대덕대혜대력 생천 주무수세계 조신신물 섬진무루 소소영영 불감명량 성기원도 절친견 자성구자 강재이뇌

천신국 유천궁 계만선 문만덕 일신유거 군령제철호시 대길상 대광명처 유성통공완자 조 영득쾌락
　　이관삼열성진 수무진 대소명암고락 부동 일신조군세계 신 척일세계사자 할칠백세계 이지자대 일환세계 중화진탕 해환육천 내성현상 신 가기 포저 후일색열 행저화유재물 번식
　　인물동수삼진 왈 성명정 인전지 물편지 진성 무선악 상철통 진명 무청탁 중철지 진정 무후박 하철보 반진일신
　　유중미지 삼망착근 왈 심기신 심의성 유선악 선복악화 기의명 유청탁 청수탁요 신의정 유후박 후귀박천
　　진망대작삼도 왈 감식촉 전성십팔경 감 희구애노탐염 식 분란한열진습 촉 성색취미음저
　　중 선악청탁후박 상잡 종경도 임주 타생소병몰고 철 지감조식금촉 일의화행 반망즉진 발대신기 성통공완 시

번역

　　황제 가로되, 아- 너희 무리들아, 푸르고 푸른 것이 하늘 아니며 까마득하고 까마득한 것이 하늘 아니다. 하늘은 형상도 바탕도 없고 처음도 끝도 없으며 위아래 사방도 없고 겉도 속도 다 비어서 있지 않음이 없으며 포용하지 않음이 없다.
　　하느님은 그 위에 더 없는 으뜸자리에 계시면서 큰덕과 큰지혜와 큰힘을 지니고 하늘을 내며 무수한 누리를 주관하고 많고 많은 생물과 무생물을 창조하되, 티끌도 빠뜨림이 없고 밝고도 밝고 신령하고 신령하여 감히 이름 지어 헤아릴 길이 없다. 음성과 기운에 접하고자 원하며 기도해도 친히 나타내 보이지 않는다. 자기 성품에서 씨앗을 찾아라, 언제나 너희 머릿골 속에 내려와 있다.
　　하늘은 하느님의 나라이다. 하늘집이 있어 온갖 착함으로써 섬돌을 하고 온갖 덕으로써 문을 삼는다. 한 하느님이 원만하게 계시며 뭇 신령과 여

러 밝은이들이 모시고 있는 큰길상과 큰광명의 곳이다. 오직 성품에 통하고 공적을 이룬 이들만이 조회하고 영원한 쾌락을 얻는다.

　너희들은 총총히 늘어선 별들을 보아라. 그 수가 무진장하고 큼, 작음, 밝음, 어두움, 괴로움, 즐거움이 다르다. 한 하느님이 뭇 누리를 조성하고 하느님이 해 누리 사자에게 시켜 칠백 누리를 거느리게 했다. 너희 지구가 스스로 큰 듯 보이나 한 알의 누리로 속불이 터지고 퍼져 바다가 변하고 육지가 옮겨져 현상들이 이루어졌다. 하느님이 기를 불어 밑까지 싸고 해의 빛과 열을 쪼여 다님, 날음, 변태함, 헤엄침, 심음 등의 생물들이 번식했다.

　사람과 생물이 다 같이 받는 세 참은 성품과 명과 정기이다. 사람은 그것을 옹글게 받고 다른 생물들은 치우쳐 받는다. 참 성품은 착함과 악함이 없으며 위밝은이가 통한다. 참 명은 맑음과 흐림이 없으며 가운데밝은이가 안다. 참 정기는 후함과 박함이 없으며 아래밝은이가 보전한다. 참으로 돌이켜 하느님과 하나가 된다.

　오직 중생들은 땅에 미혹되어 세 허망에 대한 집착이 뿌리박으니 마음과 기와 몸이다. 마음은 성품에 의지하여 착함과 악함이 있으며 착하면 복을 받고 악하면 앙화를 받는다. 기는 명에 의지하여 맑음과 흐림이 있으며 맑으면 오래 살고 흐리면 빨리 죽는다. 몸은 정기에 의지하여 후함과 박함이 있으며 후하면 귀하고 박하면 천하다.

　참과 허망이 맞서 짓는 세 길은 감정과 호흡과 감각이며 굴러 열여덟 지경을 이룬다. 감정에는 기쁨, 두려움, 슬픔, 성냄, 탐함, 싫음이 있다. 호흡에는 맑음, 흐림, 차가움, 더움, 마름, 젖음이 있다. 감각에는 소리, 색깔, 냄새, 맛, 음욕, 살닿음이 있다.

　뭇사람들은 착함, 악함, 맑음, 흐림, 후함, 박함을 서로 섞어서 지경과 길을 따라 제 맘대로 달리다가 태어남, 자람, 늙음, 병듦, 죽음의 괴로움에 빠진다. 밝은이는 감정을 그치고 호흡을 고르게 하고 감각을 금하며 한뜻으로 되어가게 행하여 허망에서 돌이켜 참에 나아가 큰 하느님 기틀을 여니 성품에 통하고 공적을 완수함이 이것이다.

개요

삼일신고는 '삼일신(三一神)에 대한 알림' 이라는 뜻이며 본문은 한자로 366자로 이루어진 짧은 경전이다. 삼일신은 조화신(造化神), 교화신(敎化神), 치화신(治化神)의 작용은 셋이고 몸은 하나인 삼신(三神) 하느님이다. 고(誥)의 사전적 의미는 '글월로 쓴 말(文言)' 이며 예전에 황제가 백성들에게 글로써 무엇을 알릴 때 고(誥)라고 했다. 삼일신고는 황제인 주(主)가 무리에게 알리는 형식으로 시작하므로 경(經)이라기보다는 고를 사용한다. 일반적으로 경(經)이라 하면 각 종교의 성인이 직접 말을 했거나 편찬한 책을 지칭한다. 삼일신고는 스승이자 황제가 직접 말한 글이므로 경이면서 고(誥)라 이름한다.

경전은 원래 장들로 나뉘어져 있지 않았으나 내용을 분석해 보면 8개의 장으로 나뉘어져 있음을 알 수 있다. 첫 번째 장은 빈 하늘에 대해 묘사한다. 바로 이어지는 하느님의 조화에 대한 설명은 하느님이 먼저 계시고 하늘과 만물을 하느님이 창조한다고 가르친다. 물질보다 정신이 먼저 있으며 물질의 주인은 정신임을 경전 전반에 걸쳐 가르친다. 하늘집은 착함과 덕을 쌓은 사람이 이르러 하느님을 뵙는 곳이며 그곳에서는 영원히 쾌락을 얻는 곳이다. 이러한 하늘집에서 여러 신령과 밝은이의 모심을 받는 하느님은 온 우주에 큰 광명과 상서를 내리며 교화한다. 치화 작용에 대한 묘사에서는 하느님의 무한하게 크신 치화 능력을 편린이나마 엿볼 수 있다. 참 장 이후의 장들은 하느님이 사람에게 준 세 참인 성품과 명과 정기를 설명하고 사람의 구조를 3×3이나 3×2 등과 같이 공식적으로 서술하며 참된 삶을 제시한다.

경전의 주인공은 이름과 같이 삼일신 하느님이다. 경전은 하느님의 본체와 작용과 작용의 결과로 나타나는 모습에 관해 설명하면서 사람은 하느님과 일체화하며 조응해야 함을 가르친다. 하느님은 자애로운 하느님이자 이치의 하느님이므로 삼일신고의 말씀도 자애가 넘치며 앞뒤가 통일성이 있고 논리가 정연하다.

1. 하늘

　황제 가로되, 아- 너희 무리들아,
　푸르고 푸른 것이 하늘 아니며 까마득하고 까마득한 것이 하늘 아니다.
　하늘은 형상도 바탕도 없고 처음도 끝도 없으며 위아래 사방도 없고 겉도 속도 다 비어서 있지 않음이 없으며 포용하지 않음이 없다.
　主若曰 咨爾衆 蒼蒼非天 玄玄非天 天 無形質 無端倪 無上下四方 虛虛空空 無不在 無不容

　이 장은 세 부분으로 나뉜다. 첫 번째 부분에서 스승이기도 한 황제가 경전에 대해 가르치고자 무리를 친밀하게 부른다. 두 번째 부분은 육안에 보이는 보통의 하늘은 '형상 있는 하늘'일 뿐 하늘의 실체는 아니라는 뜻이며 앞으로 본론을 이야기하겠다는 서두이다. 세 번째 부분은 하늘에 대한 설명이다.
　경전이 황제가 백성들에게 고하는 말씀[誥]이므로 주(主)는 황제가 된다.
　약(若)은 어조사이다.
　'까마득할 현'(玄)은 검을 현이나 오묘할 현도 된다. 이 글자는 삼국사기에 '나라에 현묘(玄妙)한 도(道)가 있다'와 같이 쓰이며[10] 불가나 도가에서도 쓰인다. 하늘은 낮에 볼 때는 푸르고 까마득하며 밤에 볼 때는 검고 아득하게 느껴지지만, 이는 햇빛과 공기에 의해 육안으로 보이는 하늘이

---

10) 김부식, 『삼국사기』, 신라본기 4 진흥왕 37년

고 하늘의 본래 모습은 아니다.

형상[形]은 사물의 외형적 모습이고 바탕[質]은 성품이라고도 하며 무생물의 경우에는 속성이므로 '하늘에 형상과 바탕이 없다' 함은 하늘에는 물질들이 가지는 형상이나 성품이 없다는 뜻이다.

단예(端倪)는 첫 끝과 맞 끝의 공간적인 한계도 되며 일의 시작과 종말이란 뜻으로 쓰이므로 시간의 한계도 된다.[11] 그러므로 처음도 끝도 없다 함은 공간적으로나 시간적으로 무한하다는 뜻이다.

'위아래 사방도 없고' 구절은 하늘이 3차원적 대칭으로 펼쳐져 있음을 뜻한다.

허(虛)는 큰 언덕에 올라가 툭 터진 곳을 보는 모양으로 밖으로 빈 모양이며 공(空)은 공구를 사용하여 뚫어 놓은 구멍의 빈 곳이라서 공극(空隙) 등과 같이 안으로 빈 모양이다. 하늘은 도솔천이나 대라천 등과 같이 특정 세계를 지칭하는 뜻을 가지지 않고 안으로도 비어 있고 밖으로도 비어 있는 곳이다.

이상을 정리하여 하늘에 대해 풀어쓰면 다음과 같다.

하늘은 푸르거나 까마득하게 보이는 등의 물질적인 형상이나 성품을 갖지 않으며, 시간과 공간적으로 처음도 끝도 없이 무한하게 펼쳐져 있으며, 위아래 사방도 없이 대칭적이며, 무한히 크게도 비어 있고 무한히 작게도 비어 있어서 어디에나 있지 않음이 없고 무엇이나 포용하지 않음이 없다.

이러한 하늘에 대한 묘사는 세상의 그 어떤 설명보다도 간결하면서도 정확하여 아무 흠이 없다.

---

11) 장자, 『장자』, 대종사 장.

하늘에 대한 인식

낮에는 푸르고 밤에는 검으면서 까마득한 하늘은 사람들이 언제나 보고 느끼는 숭고하고 높고 깨끗한 이미지를 가진다. 옛날에는 하늘은 새나 날아다니는 곳으로 사람은 결코 다다를 수 없는 곳이었다. 닿을 수 없이 높이 펼쳐져 있는 하늘은 햇살도 내리고 비나 눈도 내리고 사계절을 만들어서 사람들은 절대적으로 하늘에 의존하여 농사를 짓거나 다른 산업을 하며 삶을 영위해갔다. 이러한 하늘은 사람들에게 늘 친밀했고 또 외경심을 안겨주어 사람들은 '하늘이 도우신다'나 '하늘 무서운 줄 알아라' 등의 말을 하고 '하늘이 돈짝만하다', '하늘이 노랗다' 등과 같은 하늘에 관련된 무수한 속담을 만들어냈다.[12] 구름 위 하늘 높이에 하늘나라 사람들이 살고 그들이 지상을 내려다보며 다스린다고 생각하여 하늘에 관련된 헤아릴 수 없이 많은 이야기와 신화를 지었다. 임금을 비롯해서 모든 사람이 하늘의 명대로 산다는 천명사상도 생겨났으며 우리나라에서도 하늘에 대한 제사가 끊이지 않았다.[13]

'새가 없었다면 사람이 공중에 날아다닐 상상을 했을까'라는 생각을 하는 사람도 있다. 사람은 보고 들어야 뭐가 있나 보다 하고 따라서 한다. 어린이도 부모를 그대로 모방하다가 나중에는 자기 주관을 가지고 행동한다. 사람은 오랜 세월 동안 새를 보며 날아다니는 꿈을 꾸었다. 과학이 발달하여 비행기가 하늘을 날고 로켓이 우주에 가는 지금 세상에는 하늘에 관한 생각이 많이 바뀌었다. 높이 있는 하늘의 공간도 우리가 살고 있는 땅 위의 공간과 같이 연결되어 있음을 알고 푸르거나 검은 것은 공기와 빛의 조화 때문에 그렇게 됨을 알게 되었다. 그래서 지금의 사람들은 하늘을 바람과 구름이 있어 비나 눈이 오고 빛이 통해 들어오는 우리 위에 있는 공간으로 생각한다. 즉, 낮에는 파랗고 저녁에는 검으면서 까마득한 가운데 기

---

12) 김광언, 「민속에 나타난 하늘」, 『하늘과 한국인의 삶』, 최정호, 이태원 공편, 나남출판사, 1997, 99쪽.
13) 최근덕, 「하늘과 철학」, 『하늘과 한국인의 삶』, 앞 책, 67쪽.

상현상이 일어나는 곳으로 생각한다.

하늘은 하느님의 본체의 모습

하늘의 본 모습은 이렇게 육안에 보이는 하늘이 아니다. 한자로 30자인 이 장은 '아니다'를 뜻하는 비(非)와 불(不)을 2번씩 사용하고 없을 무(無)를 5번 사용하며 겉도 비고 속도 비었음도 두 번씩 사용하면서 하늘은 우리가 감각하고 느낄 수 있는 물질적인 것이 아니고 물질 이전의 하늘이라고 설명한다. 하늘은 우리가 보고 느낄 수 있는 물질적인 속성을 아무것도 가지지 않았고 무한히 펼쳐져 있고 무한히 작게도 나뉠 수 있다고 하여 과학이 말하는 텅 빈 대칭적인 시공간인 것처럼 생각될 수도 있지만, 시공간은 시공간이지 하늘은 아니다. 시공간은 그저 펼쳐져 있고 온 우주의 천체들과 물질들은 시공간의 제 위치에서 자리 잡고 운행하고 있을 뿐이다.

경전은 위의 시공간적인 설명에 덧붙여 하늘은 어디에나 있고 무엇이나 포용하지 않음이 없다고 한다. 그리고 뒷장들에서는 하느님이 하늘을 생성하고 또 하늘은 하느님의 나라라고 하고 있다. 이러한 하늘은 하느님의 본체의 모습이라 할 수 있다. 하늘은 그냥 펼쳐져 있는 것이 아니라 하느님이 의도적으로 어디에나 있고 모든 것을 포함하는 모습이다. '어디에나 있고 포용하지 않음이 없음'은 참전계경[14] 제2일 '하느님 공경'에 나오는 바와 같이 '보지 않는 사물이 없고 듣지 않는 소리가 없는' 하느님의 능력에 맞는 것이다. 하느님이 다 보고 다 들으려면 어디에나 존재하고 있고 포용하지 않음이 없어야 하기 때문이다. 또한 하느님은 모든 만물을 창조하므로 만물 이전의 허허공공한 하늘에서 만물을 창조할 것이며 하느님은 물질 이전의 본래 모습을 가졌을 것이어서 빈 하늘이 하느님의 본체의 모습이라 할 수 있다. 따라서 사람으로서는 하느님의 모습을 감히 상상할 수 없으며 그 본체의 모습은 물질 이전의 속성을 가진 빈 하늘과 같이 비어 있다

---

14) 대종교, 「참전계경」, 『대종교 경전』, 대종교, 2002, 98쪽; 최윤수 편저, 『참전계경』, 단촌글방, 1998, 18쪽.

고 할 수밖에 없다. 경전이 하느님에 대한 말씀인데 하늘이 먼저 설명되는 이유도 하늘이 하느님의 본체이기 때문이다.

하느님의 본체의 모습이 비어 있다고 하는 구절은 소도경전본훈의 다음의 예문들에서도 찾아볼 수 있다.[15]

> 하늘의 근원은 이 하나의 큰 허무 빈 것일 뿐이다.
> 天之源 自是一大虛無空而已

> 하늘의 하느님은 능히 그 빈 것을 본체로 하여 주재한다.
> 天之一神能體其虛而乃其主宰也

> 그러므로 한 기는 즉 하늘이고 즉 빈 것이다.
> 故一氣卽天也卽空也

하늘이 비어 있고 하느님은 그 빈 것을 본체로 하고 또 주재한다고 한다. 빈 것을 본체로 할 뿐 아니라 마음대로 주재한다고 함은 빈 것을 자유자재로 하며 그 빈 것에서 만물을 창조해낸다는 뜻이다. 그리고 하늘은 비어 있으면서도 한 기(氣)라고 한다. 과학적으로 생각하면 질량에너지는 보존되어야 한다. 하느님이 허공에서 뭔가를 창조해내려면 허공에는 물질 이전의 무엇인가가 있어야 되는데 이것을 동양에서는 기라고 부른다. 말하자면 하늘에는 과학이 알지 못하는 기로 충만되어 있다고 추론할 수 있다. 물리학은 진공이 단순하게 비어 있는 공간이 아니고 무언가로 꽉 차 있다고 보고 있다. 아직까지는 입자와 반입자가 꽉 차 있어 끊임없이 소멸과 생성을 반복하는 존재로 추론하고 있다.

비어 있는 하늘은 만물을 하나로 연결해 준다. 사람이 하늘에 속해 있어

---

15) 안경전 역주, 『환단고기』, 상생출판, 2012, 418쪽.

서 하늘은 사람 안에도 있고 밖에도 있다. 만물을 창조할 때 하느님은 가장 먼저 하늘을 낸다. 하늘은 우리 사람과 만물이 그 안에서 사는 집이라 할 수 있어서 하느님은 그 집을 먼저 지어놓는다. 하늘이 하느님의 본체의 모습이며 만물이 그 속에서 존재하므로 만물에 대한 하느님의 작용보다 먼저 설명된다.

하늘은 저 구름이 있는 먼 위에도 있고 바로 내 앞에도 펼쳐져 있고 내 안에도 들어와 있다. 제296일 주수(株守)에도 '… 스스로 착함 지키기를 줄기가 뿌리를 지키는 듯하여 하늘 기틀이 사람 안에 스스로 있다.' 라고 하여 하늘이 사람 안에도 있음을 말하고 있다. 우리가 깨닫고자 노력하면 우리 안에도 하늘이 있음을 깨달을 수가 있고 외부 사물의 그 어떤 것에도 하늘이 있음을 깨달을 수 있다.

지구는 산소나 질소 등과 같은 공기로 싸여 있고 또 공중에 무수한 전자파와 빛이 있고 사람은 전자파나 빛을 만들어 하늘에 전파시켜 통신에 이용해서 라디오, 티비, 휴대폰 등을 사용할 수 있게 되었다. 하늘에는 또 보이지 않는 중력장과 전자기장 등이 차 있고 힘들을 매개해주는 무수히 많은 중력자나 광자 등이 존재해서 만물이 서로 힘을 미치면서 일체화하도록 한다.

2. 조화신(造化神)

    하느님은 그 위에 더 없는 으뜸자리에 계시면서 큰덕과 큰지혜와 큰힘을 지니고
    하늘을 내며 무수한 누리를 주관하고 많고 많은 생물과 무생물을 창조하되, 티끌도 빠뜨림이 없고 밝고도 밝고 신령하고 신령하여 감히 이름 지어 헤아릴 길이 없다.
    음성과 기운에 접하고자 원하며 기도해도 친히 나타내 보이지 않는다. 자기 성품에서 씨앗을 찾아라, 언제나 너희 머릿골 속에 내려와 있다.
    神 在無上一位 有大德大慧大力 生天 主無數世界 造牲牲物 纖塵無漏 昭昭靈靈 不敢名量 聲氣願禱 絶親見 自性求子 降在爾腦

    이 장은 하늘을 내고 만물을 만들어 되게 하는 조화신으로서의 하느님의 작용에 대한 글이며 세 부분으로 나뉜다. 첫 부분은 하느님의 첫 자리와 세 가지의 큰 능력에 대한 말씀이다. 둘째 부분은 무수한 세계를 주재하고 만물을 창조하는 하느님의 작용에 대한 말씀이다. 끝부분은 하느님은 직접 접할 수 없으며 그 성품이 사람의 머릿골[腦] 속에 성품으로 담아져 있으므로 사람은 자기 안에서 그 씨를 구할 수 있음에 대한 말씀이다.
    하느님의 능력은 다른 피조물의 능력과는 다르므로 덕, 지혜, 힘에 큰 대(大)를 붙여 큰덕과 큰지혜와 큰힘으로 구별한다.
    하느님은 만물을 창조하기 전에 만물이 거기서 머물 수 있는 큰 울인 하늘을 먼저 낸다 (生天).

'무수한 누리를 주관하고 만물을 창조하되'의 구절에서 만물을 창조하기 이전에 무수한 누리를 주관함이 먼저 나옴은 하느님이 무수한 누리를 주관하면서 어떻게 만들 것인지 구상하면서 각 누리에 맞는 생물과 무생물들을 창조하시기 때문이다.

'티끌도 빠뜨림이 없고'의 구절은 우주의 어떠한 물질이나 생명도 저절로 난 것이 없고 하느님의 뜻대로 지은 바 됨을 말한다.

밝음[昭]은 형상에 비추는 밝음이고 지혜의 밝음이며 령(靈)은 영적으로 신령함이다. 하느님이 피조물들과는 다르게 훨씬 밝고 신령하기 때문에 두 번씩 사용하여 '밝고도 밝고 신령하고도 신령하다'라고 한다. 여기서 하느님의 지적인 능력과 함께 정신적 영적인 능력을 언급하여 우리가 지적으로뿐 아니라 영적으로 하느님을 따라야 함을 함축한다.

성품[性]은 하느님이 준 하느님의 성품 즉 하늘성품이다.

자(子)는 씨앗과 자식의 의미가 있다.

하느님이 먼저 계심

하느님은 그 위에 더 없는 으뜸자리에 계신다. 하느님이 피조물인 만물을 창조하니 피조물은 그 능력을 헤아릴 수조차 없어서 가장 윗자리에 계시고 만물은 하느님의 아래에 있다. 산을 더 높이 올라가면 더 넓은 조망을 볼 수 있음과 같다. 사람은 하느님을 접할 수 없고 하느님의 능력과 모습은 형언할 수 없이 크므로 사람은 하느님을 감히 이름 지어 헤아릴 길이 없으며 어떠한 그림이나 조각이나 말로도 형용할 수 없다. 그러므로 우상숭배도 있을 수 없다.

만물은 스스로 높다고 교만하지 말고 높이 계신 하느님을 알고 경배해야한다. 수행하는 사람 중에도 유아독존적으로 생각하는 사람이 있고 심지어 자기가 옥황상제라고 떠들며 돌아다니는 사람까지 있다. 피조물인 사람은 스스로 생긴 것이 아니고 하느님으로부터 모든 것을 받아 생긴 것이다. 어떻게 유한한 피조물이 하느님과 같은 무한한 능력을 가질 수 있을 것인가. 수행하여 실상을 알고 더욱 겸손해져야 한다.

하느님의 세 능력

하느님은 큰덕과 큰지혜와 큰힘의 세 능력을 가진다. 덕은 대상을 하나로 여김이며 하나의 능력이다. 사람 중에도 아무나 큰 덕을 가지는 것이 아니고 남을 나처럼 여기며 돕는 사람이 덕이 커진다. 악함은 피해자를 발생시켜 가해자와 피해자가 분리되어 하나가 안 되므로 덕이 쌓일 수가 없다. 더 큰 성품을 가지고 더 넓게 대상들과 일체화하면 덕이 커진다. 그래서 누구나 큰 덕을 가지는 것이 아니고 더욱 성품에 통해서 더 넓게 나처럼 여겨야 큰 덕을 가졌다고 할 수 있다. 하느님은 만물에 형상과 성품을 나누어주고 조교치화하는 큰덕을 지닌다. 덕은 남에게 미치는 은혜의 의미도 있다. 남에게 잘 대하고 베풀어줌이 있으면 남들은 그 덕을 본다. 덕은 작용하여 일체화하는 착함이 쌓여서 생기고 또 착함으로 나타나므로 하느님은 크게 착하다. 지혜는 분별하는 능력으로 옳고 그름, 크고 작음, 시기의 적절함 등을 명철하게 분별하고 계산한다. 힘은 덕과 지혜 사이에서 변화를 이루는 능력이다. 물리에서 물체에 힘을 가하면 물체의 속도나 질량이 변화되는 것처럼 힘은 변화를 가져온다. 힘은 몸의 힘도 되지만 움직여 실현할 수 있게끔 하는 힘의 의미가 있어서 재력이나 세력, 지력, 물리력 등의 단어들이 사용된다. 하느님은 천지를 하나 되게 하는 큰덕의 뜻을 내고 큰지혜로 그 이루는 방법을 결정하며 그 뜻을 큰힘으로 이룬다.

하느님은 근본을 공급하고 이치로 창조

하느님이 첫 번째로 낸 것이 하늘이며 다음으로 무수한 누리를 주관하면서 만물을 빠뜨림 없이 창조한다. 하늘을 먼저 내는 이유는 하늘은 큰 울이고 만물이 그 울 속에서 존재해야 하기 때문이다. 조화의 대상은 하늘과 만물 즉 생물과 무생물이다. 하늘은 형상이나 바탕이 없으나 만물은 물질적 형상과 바탕을 갖는다. 만물은 하느님이 창조하여 형상과 성품을 가지므로 다 하느님의 근본을 나누어 가진다. 하느님은 만물에 물질과 성품이라는 근본을 공급하며 서로 연결되게 하며 또 서로 당기게 하는 이치로 만물을 창조한다. 물리법칙과 생체의 이치에서 보듯이 만물은 정밀한 이치에 의해 창조되었다. 또한 물질은 물리에 의해 소립자로부터 삼 단계로 일체화하여 우주까지 형성한다.

사람의 자율성

하느님 자신의 성품을 우리의 머릿골 속에 넣어 그 속에서 하느님의 씨앗을 구하라 함은 사람에게 자율성과 창조성을 부여하는 최고의 조화의 원리이다. 우리는 성품을 씨앗의 모습으로 받아 머리에 가지고 있으므로 이 성품을 깨달아 성품대로 행하면 되는 자율성을 가지며 성품 속에서 세상의 원리를 파악하고 그 원리대로 조작하여 무엇이든지 창안할 수 있다. 각 사람은 하느님으로부터 성품을 받았으므로 인권이 존중되며 누구에게 의존하지 않아도 되고 자율적으로 생각하며 성품을 닦을 수 있다.

소리와 기로 뵙기를 원해도 친히 보이지 않는다고 함과 같이 절대자인 하느님은 사람 앞에 현시하지 않는다. 절대자가 사람에게 현시한다면 사람은 무조건 그에 따라야 하고 그러면 사람에게 부여된 자유의 의미가 없어지며 사람을 창조한 의미가 없어진다. 하느님은 사람에게 성품을 온전하게 주어서 사람이 자유의지를 가지고 자율적으로 살아나가게 창조했다.

중재자 없이 만인은 평등

경전에는 성직자라는 신분을 가지는 사람이 별도로 지정되어 있지 않다. 경전에서 성직자로 분류될 수 있는 사람은 밝은이이다. 그렇지만 밝은이는 세상의 일을 볼 수도 있는 사람이다. 성직자 계급에 대한 언급이 없으므로 하느님과 사람 사이에서 행하는 중재자나 제사장과 같은 성직자의 특권도 없다. 온 인류는 하느님으로부터 몸과 성품을 다 같이 받아서 하느님 앞에서 다 평등하다. 사람이라면 누구나 성품 씨앗을 받았으므로 하느님과 직접적으로 관계를 맺고 있다. 또 하느님은 사람마다 착함과 악함을 보고 계셔서 보응을 하므로 중재가 필요 없다. 수행해서 신이한 능력을 얻은 사람이라 해도 그 사람은 하느님도 아니고 하느님과 사람 사이에서 중재자가 될 수도 없다. 하느님이 소리나 기운으로도 보이지 않으므로 하느님은 이 세상에 사람의 형상으로 태어나지는 않는다. 어떤 사람이 기도하다가 자기가 하느님이라고 하거나 하느님의 계시를 받아 하느님의 대리자나 중재자라고 해도 믿으면 안 된다.

경전에는 우리가 보지도 않았고 믿지 않아도 되는 것들을 종교적인 이유로 강제적으로 믿게 하는 특정 사건이 없다. 또한 하느님이 특정한 시대에 어떤 특정한 민족에게 직접 내려와 선민했다는 신화적인 요소도 없다. 하느님은 모든 사람과 모든 종족에게 공평하게 성품을 내려주고 사람은 오직 자기가 지은 행함에 의해 그 결과를 얻는다.

하느님의 자식

씨앗은 낱개로서 아직 발현되지 않은 성장 가능성을 가지고 있고 종류마다 각각 구분되어 있다. 종자에 따라 꽃나무의 씨앗은 가을에 피는 국화나 코스모스가 될 수도 있고 봄에 피는 진달래나 모란이 될 수도 있고 다른 어떤 꽃나무가 될 수 있다.

씨앗 중에서 사람의 성품 씨앗은 하느님의 성품을 옹글게 받은 씨앗이어서 가장 좋은 씨앗이다. 사람이 그 씨앗을 돌아보아 잘 발현하면 우리의 능력도 광대하게 발현되고 영혼은 무한하게 성장할 수가 있다. 그 성품은 일체화하며 만물을 살리는 하느님의 성품이기에 순수하게 착하고 우리가 그 성품을 돌아보고 성품대로 행하면 우리 행동은 착하여 하느님에게 가까이 간다. 그 씨앗이 잘 싹이 트고 자라도록 자발적으로 노력해야지, 노력하지 않으면 보배를 내가 가지고 있어도 무엇을 가졌는지도 모르고 사용하지도 못하는 것처럼 그 가치를 모르게 된다. 남이 시켜서 하는 것처럼 수동적으로 하지 말고 자발적으로 그 성품을 돌아보면 무한한 가능성의 세계가 열린다.

　하나의 씨알이 떨어져 죽어 무수한 열매가 연다고 하는 말은 잘못된 말이다. 그 씨알은 죽는 것이 아니고 자라서 크게 되는 것이고 때가 되면 무수한 씨알을 만들어낸다. 성품 씨알은 죽는 것이 아니고 무한하게 자랄 가능성을 나타내는 것이고 하느님께 가까이 가는 것으로서의 의미를 갖는다. 우리가 그 씨알을 돌아보고 그 씨알을 잘 키우면 우리는 무한하게 성장하지만 그것을 저버리고 허망 길에서 헤매면 벌을 받게 된다. 그 벌은 사람이 미워서 내리는 것이 아니라 사랑의 매로 사람을 바른길로 가도록 인도하는 것이다. 나쁜 짓을 하는데 벌을 받지 않으면 올바른 길로 돌아올 수가 없다.

　씨앗은 하느님으로부터 받은 자기 것이기 때문에, 누구도 빼앗아갈 수도 없는 참으로 보배로운 우리의 자산이다. 성품의 씨앗은 영원히 내 안에 있다. 그러니 그 씨앗을 돌아보고 있으면 반드시 하느님께 갈 수 있다는 확신을 가져야 한다. 사람이 살다 보면 어느 때는 먹을 것이 없어 차라리 애완견이 되었으면 하는 생각이 들 때도 있고 또 병마로 고통스러워 아예 몸이 없어졌으면 하고 남들에게 말할 때도 있고, 어느 때는 생활이 지리멸렬해져서 의지할 곳도 없고 희망도 안 보여 우울할 때도 있다. 그렇지만 우리는 내 안에 하느님의 씨앗이 있어서 그것이 빛나고 있고 그것이 하느님께 나를 인도할 것이라고 알고 굳게 믿어야 한다.

　씨앗은 한자로는 아들 자(子)이므로 사람은 피조물이면서 하느님의 아들딸이고 하느님은 우리의 어버이가 된다. 대대로 가문을 형성한 명문가 집안의 사람이나 밭을 가는 농부나 다 마찬가지로 하느님의 아들딸이다. 사람은 아들딸로서 하느님의 성품을 닮아 하느님의 작용을 따라 할 수 있는 능력과 자율성을 가진다. 하느님과 사람은 주종관계에 머물지 않는다. 하느님을 주라고 하고 자기들은 종이라고 한다면 종은 노예인데 노예가 자기 뜻이 어디 있고 자율성이 어디 있겠으며 주인에게 가까이 갈 수 있겠는가. 노예는 주인이 시키는 대로 하는 로봇이나 마찬가지이다. 우리는 이러한 노예가 아니라 피조물이면서 하느님의 아들딸이기도 하다. 사람은 하느님의 아들딸이지 하느님은 아니다. 하늘이 하느님의 본체로 우리 몸속에도 있지만 작용하는 하느님은 따로 계신다.

계시

사람이 소리[聲]나 기운[氣]으로 접하고자 원하며 기도해도 하느님은 직접 나타나 보이지 않는다. 소리는 말소리도 포함하므로 기운과 다르게 따로 언급하고 있다. 말소리는 계시의 다른 것들과는 달리 특별하여 구체적으로 의미를 전달할 수 있고 지시할 수 있다. 기운은 기나 기척, 기색 등과 같이 말소리 이외에 우리가 지각하거나 느낄 수 있는 여러 가지를 포괄한다.

소리나 기운으로 접하고자 원함은 뭔가 사람이 인지할 수 있는 계시를 보여 달라고 원하는 것이다. 그렇지만 하느님은 성품으로 머릿골 속에 이미 내려와 있으니 별도로 다른 소리나 기운으로 보이시지 않으며 그럴 필요도 없다. 사람은 하느님의 모습을 이미 내 안에 가지고 있어서 거기에서 찾으면 되지 그 외에 더 원하는 것은 단지 욕심에 지나지 않는 것이다.

계시를 받는 경우가 없다는 것은 아니다. 성품에 따라 살고 기도하고 수행하면서 직접적으로 성품을 깨달아 가는 중에 하늘로부터 음성을 들을 수도 있고 환영을 볼 수도 있다. 아플 때 기도하여 원기를 회복하고 병이 나을 수도 있고 마음이 낙심될 때 기도하여 기운을 회복하고 마음을 바로잡을 수도 있다. 진실로 믿고 수행 생활을 하는 사람 중에는 기도하거나 꿈을 꾸는 동안에 하늘에서 들리는 소리를 듣거나 무언가 신비로운 것을 보거나 기운이나 기척으로 느끼는 사람이 있다. 이러한 계시는 하느님이 직접 한 일이 아니고 하늘에 있는 신령이나 밝은이, 또는 다른 영들이 하는 말이나 작용이다. 혹은 자기 자신의 내부에서부터의 계시일 수도 있다.

경전은 계시가 아니라 성품을 보라고 가르친다. 성품은 하느님이 직접 준 하느님 성품이므로 계시를 받았다 해도 그 계시는 성품에 맞아야 한다.

계시는 특정인에게 특정한 시간에 내려진 것인데 이것이 보편적인 성품에 어긋나면 올바르지 못한 계시이다. 계시는 성품 공부를 하다가 중간에 얻는 현상이므로 거기에 너무 미혹되어 성품을 잊으면 안 된다. 계시를 받았어도 성품으로 움직이는 일상 일을 중시하고 하느님께 일상 일을 감사하는 생활을 해야 한다. 조금 신이한 경험을 했다고 자기가 남보다 특별하다고 생각하며 방종하면 하늘성품을 거스르는 것이다.

하느님의 체용상

체용상(體用相)은 본체와 작용과 모습이다. 이 장에는 하느님이 계신다고 하는 재(在)가 두 번 나온다. '하느님이 그 위에 더 없는 으뜸자리에 계신다[在]'(神 在無上一位) 구절은 하느님의 작용[用]의 자리이다. 본체인 하늘은 모습과 바탕이 없지만 작용하는 하느님은 그 작용의 모습이 묘사된다. '하느님의 씨앗[子]이 성품으로써 사람의 머릿골 속에 내려와 있다[在]'(自性求子 降在爾腦) 구절은 하느님의 변화함이 온누리 만물에 존재함을 설명한다. 사람은 하느님의 모습을 직접적으로 볼 수 없고 다만 만물을 통하여 그 간접적인 모습을 볼 수 있다. 그래서 개체를 이루는 물질과 함께 개체의 성품은 사람에게 보여지는 하느님의 모습 즉 상(相)이라 할 수 있다. 앞 장 하늘에는 '있지[在] 않음이 없으며'(無不在) 라고 하여 재(在)가 사용된다. 이는 하느님의 본체[體]가 어디에나 있음[在]을 묘사한다.

3. 교화신

하늘은 하느님의 나라이다.

하늘집이 있어 온갖 착함으로써 섬돌을 하고 온갖 덕으로써 문을 삼는다. 한 하느님이 원만하게 계시며 뭇 신령과 여러 밝은이들이 모시고 있는 큰길상과 큰광명의 곳이다.

오직 성품에 통하고 공적을 이룬 이들만이 조회하고 영원한 쾌락을 얻는다.

天神國 有天宮 階萬善 門萬德 一神攸居 羣靈諸哲護侍 大吉祥 大光明處 惟性通功完者 朝 永得快樂

이 장은 생명들을 가르쳐 되게 하는 교화신으로서의 하느님의 작용에 대한 글이며 세 부분으로 나뉜다. 첫 부분은 하늘은 하늘나라라고 하고 두 번째 부분은 교화신이 계신 하늘집[천궁 天宮]에 대해 설명하며 세 번째 부분은 성통공완한 이들이 하느님을 뵙고 영원한 쾌락을 얻음을 설명한다.

하늘은 하느님의 본체의 모습이기도 하면서 하느님의 나라가 된다.

온갖 착함으로 섬돌하며 온갖 덕으로 문을 삼음은 교화 과정을 의미한다. 일신(一神 한 하느님)은 단순히 신(神)으로 하지 않아서 이 하느님이 앞 장의 조화신과는 다른 신, 즉 교화 하느님인 교화신임을 함축한다.

유(攸)는 '유유히' 또는 자득(自得)과 같이 해석하여 유거(攸居)를 '여유롭고 원만하게 계시다' 로 번역함이 옳다. '원만히' 는 한량없이 자애로운 교화신이 하늘집에서 여러 신령과 밝은이에 둘러싸여 원만히 계시는 모습이다.

 '뭇 신령과 여러 밝은이(羣靈諸哲)' 구절은 피조물이 화행(化行 되어가게 행함)해서 하늘성품에 통하여 신령이나 밝은이가 되어도 하느님과 분리된 개체로 존재함을 알린다. 피조물은 하느님의 부분이 아니고 독립된 개체로 존재하고 성품에 통하면서 하느님과 일체화한다. 신령[靈]과 밝은이[哲]는 동렬에 있어서 평등한 존재들이며 앞 장의 신령하고 밝은 하느님의 모습에 대응한다.

 제(諸)는 '모든' 의 뜻도 있지만 여기서는 여럿의 뜻이 더 적합하다. 하늘집에서 교화신을 모시고 있는 밝은이도 있으며 치화신의 명령을 받고 누리를 맡아 치화하는 신령도 있다. 또한 아래밝은이나 가운데밝은이는 성품에 통하지 못했으므로 하느님을 뵐 수가 없다. 밝은이 가운데 성품에 통하고 공적을 이룬 이 즉 성통공완한 위밝은이만이 하느님을 뵙기 때문에 모든 밝은이가 하느님을 뵙는 것은 아니다.

 성통공완(性通功完)은 성품에 통하고 명(命)대로 직분을 다하여 공적을 완수함이다.

 대길상(大吉祥)과 대광명(大光明)에서의 대(大)는 앞장의 큰덕[大德], 큰지혜[大慧], 큰힘[大力]의 대(大)와 같이 만물의 길상이나 광명과는 다른 하느님의 큰길상과 큰광명을 표현한다. 제8장 행함의 '큰 하느님 기틀을 여니' (發大神機)에서도 대가 하느님과 함께 쓰여 하느님의 큼을 나타낸다. 길상은 밝은 미래를 뜻하고 광명은 현재의 밝음을 뜻하므로 대길상 대광명은 현재부터 앞으로 길게 밝음을 의미한다.

하늘나라

 나라는 어떠한 정부 기구에 의해 다스려지는 곳이다. 모든 누리는 하늘에 포용이 되어 있고 하느님이 하늘을 내고 모든 누리를 다 주관하면서 만물을 창조하고 교화하고 또한 치화하므로 하늘이나 온 우주는 하느님의 나라 즉 하늘나라가 된다. 사람들이 보통 말하는 하느님이 계시는 하늘나라는 하늘집이 된다. 지구는 하느님이 기를 불어 넣어 만물이 번식하고 있으며 하느님의 명령을 받은 해누리 사자가 다스리는 누리의 일부이다. 그러므로 지구도 하늘나라의 일부이며 우리는 하늘나라에서 살고 있다. 하늘이 하늘나라이므로 이 땅 위에도 하늘나라가 내려와 있다.

하늘마음, 하늘성품, 하늘기틀, 하늘이치 등의 낱말들은 하늘이 그대로 우리 몸속에 들어와 있음을 말한다. 마음 중에도 날 때부터 하늘성품대로 하고자 하는 마음이 하늘마음이다. 그래서 하늘마음대로 하면 우리가 하늘나라에 와 있는 상태가 되어 편안하게 된다. 하늘기틀도 우리 몸속에 있어서 우리가 하늘성품과 하늘스러운 마음과 재주를 띠고 태어난 것이고 세상에서 하늘스러운 재주를 펼 수가 있다. 하늘집에 이르는 하늘도[天道] 즉 하늘길이 있어서 사람이 그 길로만 가면 하늘나라에 머물게 된다.

땅에 미혹되어 물질만 처다보고 살면 하늘나라에 있음을 잊어버리지만 마음을 비우면 하늘나라에 있음을 확인할 수 있다. 산이나 들에 나가서 자연을 바라보면 사시사철 얼마나 아름다운지 하느님의 이 땅 위에 지으신 아름다운 자연, 아름다운 하늘나라를 감상할 수 있다. 또한 내 가족과 이웃의 얼굴에서도 하늘을 볼 수가 있어서 내 주위에서 하늘나라를 볼 수가 있다. 보려고 해야 보이는 것이 세상이어서 아무리 맛있는 떡이 옆에 있어도 그것을 보려 하지 않으면 보이지 않고 또 그 떡이 맛있는 줄 모르면 떡의 가치가 보이지 않는다. 하늘나라를 자꾸 보려고 노력하고 또 밝고 좋은 하늘나라가 내 안과 밖에 내려와 있음을 상기하면 하늘나라에 머물게 된다.

내 집이 있고 친구들도 많은 내 동네에서 살다가, 잠시 머무르려고 남의 동네로 가서 며칠 살면 불편하고 마음이 안정되지 않는다. 특히 다른 나라에서 생활이라도 하려면 말도 안 통하고 풍습도 달라서 그 사회에서 적응이 안 되는 이방인이 된다. 그래도 사람사회이어서 시간이 지나면 적응이 된다. 또 적성이 맞지 않는 분야에서 일하면서 그 분야 사람들과 만나 생활하면 관심 분야가 달라 적응이 안 되고 남의 동네에서 사는 듯한 느낌을 받는다. 체육 잘하는 사람이 공장에 가서 기술자들과 얘기하고 놀면 남의 동네에 온 것처럼 말이 잘 안 통해 어울리기 어렵다. 적성에 맞아도 그 분야에서 두각을 못 나타내어서 생활이 어려워지면 실망을 하게 되고 그 분야에서 겉돌아 남의 동네에 와 있는 생각이 든다. 영화배우가 연기가 좋아서 영화에 출연은 하는데 주연배우가 못 되고 별 볼 일 없는 조연만 하면 영화 업계가 남의 동네처럼 여겨진다. 이런 때도 유해진처럼 마음을 다잡고 아무 역이라도 좋으니 영화 동네를 내 동네라 생각하고 열심히 하면 내 마음이 편해지고 나중에 빛을 볼 수가 있다.

생계를 꾸리기가 어렵다거나 삶이 힘들면 하늘나라가 내 동네가 아니고 남의 동네인가라는 생각이 들 수가 있다. 어려운 시기에는 하늘나라가 어디 있는지 나하고 무슨 상관이냐고 할 수 있다. 이런 때도 하느님께 기도하고 정신을 차리면 마음을 다잡을 수 있다. 또, 악인의 꾐에 넘어가서 내가 악의 구렁텅이에 빠져들려고 하거나 설사 빠져들었다 해도 하느님은 가까이 계신다는 사실을 잊지 말아야 한다. 악의 수렁이나 병마의 질곡에서 허우적거리며 벗어나기가 불가능할 것처럼 생각되어 하느님이고 성품이고 다 나에게서는 떠날 것이라고 자포자기하는 심정이 되더라도 내 안에 하느님이 계심을 생각하고 회개하면 다시 하늘나라로 돌아올 수 있다. 생활이 윤택해져서 오히려 하느님을 믿지 않고 하늘나라가 무엇인지 관심 없이 사는 사람도 있다. 그런 사람은 자신이 어디로부터 왔는지도 모르면서 자기 몸 편한 것만을 생각하며 허송세월을 보내는 것이고 하늘나라가 멀어져서 남의 동네처럼 되어버린다. 또, 자기 꿈을 이루기 위해서 애가 닳을 수도 있지만 그 꿈을 못 이루어도 괜찮다. 다 하느님 뜻으로 성패가 정해지는 것이고, 세속의 꿈을 이루기보다는 하늘나라를 보고 하늘 동네를 내 동네로 알고 사는 것이 중요하다.

시중에 김밥천국이라는 가게가 있고 알바천국이라는 말도 쓴다. 김밥천국은 김밥을 먹고 싶어 하는 사람이 거기 가면 자기가 상상하는 모든 종류의 김밥과 또 상상하지 못했던 김밥까지 있을 정도로 이 세상 모든 종류의 김밥을 보고 먹을 수 있는 곳이다. 알바천국도 모든 종류의 알바를 소개시켜준다는 곳이다. 하늘나라는 누구나 어렸을 때부터 착하면 하늘나라 간다고 우리 귀에 많이 들어 잘 알고 있다. 천국에 가면 이 세상의 고생은 끝이고 즐거움만 있는 곳이다. 그래서 사람들이 천국 갈려고 노력하고 좋은 상태를 천국이라고 표현한다. 추운 곳에 있다 따뜻한 방에 들어오면 그곳이 천국이라고 하고, 사흘 굶고 밥을 먹으면 그것이 천국에 온 것이라고 하고, 속박당해 자유가 없이 살다가 자유롭게 되면 천국에 온 듯하다고 한다. 운동선수들은 경기에서 지느냐 이기느냐로 천국과 지옥이 갈린다. 승리자는 화려하게 대중들의 조명을 받는 반면에 패배자는 쓸쓸하게 술이나 마신다. 나폴레옹도 전쟁에서 이길 때는 천국이었고 질 때는 지옥에 간 것이나 마찬가지로 섬에 갇혀 지냈다. 이러한 예들에서 아무런 제약 없이 자유롭고 좋은 세계가 천국 즉 하늘나라라는 의미를 알 수 있다.

정신적으로 거리낌 없이 자유로워지면 하늘나라에 온 상태가 된다. 욕심을 부리다가 깨달아서 욕심을 없애면 마음이 가벼워 하늘나라에 온 기분을 느낀다. 잘못된 점이 있으면 조상 탓이나 남 탓하지 말고 모든 게 내 탓이라 하며 나를 먼저 돌아보고 가까운 곳에서부터 해결책을 찾아야 한다. 미래에 대한 희망 사항도 저 멀리에 있는 뜬구름을 잡으려고 손을 허우적거리는 것보다는 실현 가능한 작은 일부터 계획하고 실천하는 것이 낫다. 일도 가까이 있는 일부터 처리하는 것이 낫고 어려운 일보다 쉬운 일부터 하는 것이 순서가 맞다. 실험실이나 공장에서 어떤 기계가 고장 났을 때도 어렵게 생각해서 당장 돌아가지 않는 근본 모터가 고장 났다고 열심히 분해해봤는데 나중에 보니까 바깥에 있는 나사 하나가 풀려 있어서 잘 돌지 않은 경우를 자주 본다. '매화를 먼 데서 찾고자 아무리 돌아다녀도 없더니 내 집 마당에 와서 보니 활짝 피어 있다' 라는 말처럼 가까운 것, 사소하고 쉬운 것부터 생각해서 해 나가야 한다. 가까이에 있는 일상의 조그만 일에도 만족하고 감사하면서 성품을 돌아보면 하늘나라에 머문다. 하늘나라가 이 땅 위에 있고 보려고 하면 보이므로 생활이 힘들어도 우리는 언제나 희망의 노래를 부를 수가 있다.

착함의 섬돌과 덕의 문

착함의 섬돌은 수직적 섬돌로 노력해서 올라간다. 그렇지만 악을 행하면 다시 내려가는 곳이기도 하다. 언제든지 오르락내리락하는 곳이 착함의 섬돌이므로 이 착함에는 문이 없다. 섬돌은 신분의 차이를 나눌 때 사용되기도 한다. 신전에는 섬돌이 있고 그 섬돌을 올라간 곳에 신이 모셔져 있다. 착함의 섬돌들도 올라가서 덕의 문에 이르러 열고 지경을 넓히도록 인도하는 섬돌이다.

문은 안과 밖이 통하는 곳이다. 안과 밖이 벽으로 둘러싸여 있어서 구분되어 있을 때 문이 있어서 사람이나 그 무엇이 안에서 밖으로 나갈 수도 있고 밖에서 안으로 나갈 수도 있다. 문이 없다면 안과 밖이 소통이 안 되니 단절되어 버리는데 문이 있어서 드나들 수가 있다. 문은 열릴 때는 이렇게 소통을 이루는 기능을 하면서도 닫혀 있을 때는 벽의 일부가 되어 안을 보호하는 기능을 한다. 문 덕분에 우리는 집에 들어와 안전하고 편안하게 쉴 수가 있다.

우리는 살면서 많은 문을 만나고 날마다 문을 들락거리며 산다. 문의 종류도 많아서 방문이나 대문과 같이 공간적으로 여닫는 문도 있고, 보이지 않는 마음의 문도 있고 덕의 문도 있다. 사람이 남들을 대할 때나 자연을 대할 때 마음의 문을 열어야 느끼고 대화할 수 있다. 상대방에게 마음의 문을 열고 친절하고 반갑게 대하면 그 사람을 대하는 상대방도 마음의 문을 열어서 서로 친해질 수 있다. 마음의 문은 사업에 실패하거나 대인관계에 트라우마가 있으면 닫혀버려 좀체 열리지 않을 수가 있다. 그런 사람의 마음의 문을 열기는 어렵지만 사랑하는 마음을 가지고 그가 잘하는 것이나 원하는 것을 하게 하는 것이 그 문을 여는 가장 좋은 방법이다.

덕에는 문이 있다. 착함의 섬돌들을 딛고 올라가면 덕의 문이 하나 열리고 또 착함의 섬돌들을 올라가면 덕의 문이 다시 하나 열린다. 문은 일정한 곳에 세워져 수평적으로 들어가는 곳이다. 그러므로 그 문을 통과하면 경지나 지평 등이 새롭게 열린다. 사람이 사는 집은 대문을 통과하지 않고 변칙적으로 담을 넘어 들어갈 수도 있지만 정상적인 방법은 아니다. 덕의 경지는 덕의 문을 통하지 않으면 볼 수가 없다. 이렇게 덕은 착함을 쌓아 들어가는 경지이고 또 하느님이 준 성품은 착하므로 덕은 성품에 통하면서 얻어지는 경지라 할 수 있다. 덕의 문을 하나씩 지나 덕의 경지가 높아지면, 더 넓은 세상을 하나로 통하여 본다. 마치 산을 더 높이 오르면 더 멀리까지 볼 수 있는 것처럼 덕의 문을 더 지나면 더 넓게 세상을 하나로 볼 수가 있다. 만 개로 표현된 무수한 덕의 문을 지나면 하느님을 뵐 수가 있다. 하느님은 큰덕을 가지시므로 가장 높은 경지에 계시며 온 우주를 하나로 통하여 보시며 하느님의 은덕으로 우리가 살고 있다.

착함의 섬돌들을 올라가 덕의 문을 두드리고자 노력해야 한다. 어떤 사람이 성의 문 앞에서 서성이며 문을 열어주기만을 기다렸다. 평생을 그렇게 기다려도 문이 열리지 않아서 죽기 전에 그 사람이 마지막으로 문 안에 있는 문지기에게 '왜 문을 안 열어주느냐' 고 물어보았다. 그랬더니 그 문지기가 당신이 한 번도 열어달라고 하지 않아서 그랬다고 했다 한다. 이 이야기는 우리가 무엇이든지 하고 싶은 바가 있으면 그것을 시도해보라는 뜻이다. 마찬가지로 덕의 문도 사람들에게 베풀고 성품에 통하고자 하면서 들어가고자 항상 시도해보아야 한다. 어떤 사람은 평생 그 문으로 들어갈 생각을 않는다. 그러다가 죽음에 임박해서는 두렵기도 하고 후회스럽기도 해서 그 문에 들어가고 싶다고 그 문을 두드리며 참회하고자 하는 사람도 있다. 그때라도 그렇게 문을 두드리는 것이 안 두드리는 것보다는 훨씬 낫다.

교화를 행하는 하늘집

집은 매우 중요한 곳이다. 일상생활에서 밖에 나갔다가 집에 돌아오면 편안하니 안정이 된다. 동물들도 보금자리에서 가족과 같이 산다. 추운 겨울에 곰들이 자기 굴에 들어가 새끼들과 겨울을 나는 것을 보면 곰들에게는 그곳이 얼마나 아늑하고 편안한 곳인지를 느낄 수가 있다. 집이 없고 돌아갈 곳이 없다면 생활이 불안정해지고 마음이 불안해져서 무슨 일이든지 제대로 일을 못 한다. 그래서 사업할 때 사업자금 댄다고 집까지 처분해서 불안정한 주거를 하면 사업이 잘되기 어렵다. 생활이 불안정하고 마음이 늘 불안해서 무슨 일을 하든 정신집중이 안 되어 일을 제대로 못 하고 따라서 사업이 어렵게 흘러가게 되기 때문이다. 집은 또한 갈 곳 중의 한 곳이라는 의미가 있다. 사람이 갈 곳이 있다는 것은 중요하다. 자기 생업을 영위하는 곳이나 집이나 다 갈 곳이다. 실직해서 공원이나 시내를 정처 없이 며칠 돌아다니다 보면 구두닦이도 부러워하게 된다. 생업을 해야 하는 시간에 집에서 쉬고 있지는 못하고 어디를 갈 데가 있어야 하는데, 구두닦이는 적어도 아침에 일어나서 갈 데가 있기 때문이다. 직업에는 귀천이 없어서 구두닦이나 아무 일이나 성실하게 하면 훌륭한 직업이다.

  집들 중에서 가장 좋은 집이 하늘집이다. 하느님은 육신을 가진 사람이 접할 수 없으므로 하느님을 뵐 수 있는 하늘집은 보이는 세상과는 다른 곳에 있다. 하늘집이 이 세상에 있는 것은 아니지만 그렇다고 멀리 있는 것은 아니다. 삼일신고 해설에 보면 사람의 몸이 하늘나라요 성품이 있는 머릿골이 하늘집이라고 은유적으로 비유하고 있다. 영혼의 입장에서는 육신의 죽음과 삶에 관계없이 착함을 행하며 사는 것 자체가 하늘집의 계단에 머무르고 문들을 통과하는 것임을 알 수 있다. 우리가 현세에 살든지 다음 생에 다른 어떠한 세계에 가서 살든지 관계없이 우리는 하늘나라에서 살고 있으며 착함을 행하고 덕을 쌓은 만큼 영혼은 하늘집의 섬돌과 문을 통과한다. 우리는 하느님의 아들딸이며 하늘집은 멀리 있는 남의 집이 아니라 바로 우리가 가는 우리집, 우리의 갈 곳이다. 영혼은 조금씩 착함을 쌓고 덕을 베풀어 하늘집의 섬돌과 문들을 지나 하느님에게 가까이 갈 수 있다. 그러한 섬돌과 문의 수가 무수히 많음은 꾸준히 행하고 깨달음을 무수하게 해야 함을 시사한다. 이러므로 제360일 소(小)응답의 '착함이 비록 작다고 안 하고 악함이 비록 크지 않다고 지으면 이것 역시 응답의 작음이다. 가히 경계하지 않겠는가? 라는 말과 같이 아무리 작은 착함이라도 그것을 행함이 행하지 않는 것보다 나으며 아무리 작은 악함이라도 그것을 짓지 않아서 하늘집의 섬돌을 하나씩 올라가야 한다.

하늘집은 무력이나 재력이나 지식으로 갈 수 있는 곳이 아니라 착함을 행하고 덕을 쌓음으로써 갈 수 있는 곳이다. 하느님은 사람의 무엇을 볼 것인가. 권세나 재산을 보는 것이 아니다. 그것들은 우리가 살아가는 환경의 일부이다. 하느님은 우리의 정성과 선악을 볼 따름이다. 세상의 성공은 자기에게 영광을 줄 수 있다. 권세 있는 사람이나 사장이 된 사람들은 대우를 받고 안락한 생활을 하지만 그들이 보통사람들보다 더 높은 확률로 하늘집에 가지는 않는다. 사람들이 정치가들을 부러워할지는 모르지만 존경하지는 않으며 그들이 이웃집 착한 사람보다 하늘집에 갈 것이라고 생각하지는 않는다. 그러니 가난하거나 권세가 없더라도 부끄러워하거나 실망할 필요 없다. 마음과 말과 행실이 착하기만 하면 된다. 생활이 어렵고 늘 고생하는 서민들도 성품에 맞게 착하게 살면 하늘집에 더 가까이 간다. 풍요로운 사람들도 재능이나 물질을 세상을 위해 사용하며 덕을 베풀 때는 세상 사람들의 칭송을 받으며 복을 받고 하늘집에 오르는 섬돌을 더 밟아 올라갈 수 있다.

하늘집의 큰길상과 큰광명은 만물들을 비추어 착함을 행하고 덕을 쌓아 하늘집을 향해 나아가도록 인도한다. 길상은 덕이 쌓아져 내는 것으로 복을 내는 서상이며 광명은 지혜의 밝음에서 나오는 광명이다. 그러므로 하느님이 거처하는 하늘집은 밝은이들이 하느님과 함께 사람을 교화하는 곳이다. 온갖 착함의 섬돌과 온갖 덕의 문은 교화 과정이다. 온갖 착함을 쌓아 착함의 섬돌들을 오르고 온갖 덕을 갖추어 덕의 문들을 지난 이들, 성품에 통하고 공적을 이룬 이들, 즉 교화된 이들이 하느님을 뵙고 하느님과 함께 만물교화에 참여한다.[16] 성통공완하여 순수하게 착하고 덕이 큰 사람들이 모여 하느님을 뵙고 있으면 서로에게 아무런 해를 끼치지도 않고 서로

---

16) 불교에서는 아미타불이 극락정토를 이루고 세상에 광명을 내면서 교화를 한다고 한다.

를 돕고 기쁘게 해주며 내부에서도 솟아오르는 기쁨을 느끼므로 아무런 고통도 없이 쾌락만 있다. 성품에 통한 이는 착하기 때문에 남들도 좋은 길로 인도하는 교화에 참여함은 당연한 것이다. 그러므로 하늘집은 교화된 사람들과 함께 교화신이 머물면서 온누리에 길상과 광명을 비추면서 교화하는 집이다.

사람도 이를 본받아서 하느님의 광명과 교화를 세상에 전파해야한다. 사람이 진리를 알면서도 실행하지 못하는 경우도 있지만 몰라서 못하는 경우는 없어야 한다. 사람이 교화의 가르침을 받아야 사람 행실을 하고 영혼이 성장한다. 사람으로 태어나 진리의 말씀을 들을 수 있는 성품을 가졌는데 교화의 말씀을 못 들으면 그 얼마나 안타까운 일인가.

교화의 대상은 영혼이다. 무생물은 성장하지 못하므로 교화의 대상이 될 수 없고 오직 성장 가능한 생물의 영혼만이 교화의 대상이 된다.

4. 치화신

　너희들은 총총히 늘어선 별들을 보아라. 그 수가 무진장하고 큼, 작음, 밝음, 어두움, 괴로움, 즐거움이 다르다.
　한 하느님이 뭇 누리를 조성하고 하느님이 해 누리 사자에게 시켜 칠백 누리를 거느리게 했다.
　너희 지구가 스스로 큰 듯 보이나 한 알의 누리로 속불이 터지고 퍼져 바다가 변하고 육지가 옮겨져 현상들이 이루어졌다. 하느님이 기를 불어 밑까지 싸고 해의 빛과 열을 쪼여 다님, 날음, 변태함, 헤엄침, 심음 등의 생물들이 번식했다.

　爾觀森列星辰 數無盡 大小明暗苦樂 不同 一神造羣世界 神 勅日世界使者 羣七百世界 爾地自大 一丸世界 中火震盪 海幻陸遷 乃成見象 神 呵氣包底 煦日色熱 行翥化游栽物 繁殖

　이 장은 온 누리를 다스려 되게 하는 치화신으로서의 하느님의 작용에 대한 글이며 세 부분으로 나뉜다. 첫 부분에는 여러 형태로 치화되고 있는 우주의 모습이 그려져 있다. 두 번째 부분에는 여러 누리를 조성하고 해 누리 사자에게 7백 누리를 거느리라 명령하는 치화신의 치화 모습이 묘사되어 있다. 마지막 부분에는 우리 지구의 치화 과정의 대략이 설명되어 있다.
　너희[爾]라고 친숙하게 불러 하늘을 보라고 한다. 하늘 장에서도 황제가 "너희 무리야"라고 부르면서 하늘에 대하여 설명을 시작한다.
　'보아라'의 관(觀)은 그냥 보는 것이 아니라 자세히 보라는 의미이다. 관은 관찰, 관광이나 (마음을) 관하다 등으로 쓰이므로 '너희들은 총총히 늘어선 별들을 보아라'(爾觀森列星辰)는 하늘의 별들을 그냥 보지 말고 자세히 보아 무한하게 많은 별이 있음과 그 별들이 각기 다름을 보라고 한다. 이 모든 누리를 위대한 하느님이 다스린다는 사실을 깨달으라는 뜻이다.

'가득 늘어선'(森列)은 무질서하게 흩어진 게 아니라 질서 있게 늘어서 있다는 뜻이다. 열(列)은 열지어 있다의 의미이므로 단순히 아무렇게나 흩어져[散] 있지 않음을 묘사한다. 하느님은 무수한 누리를 조성하면서 중력법칙이나 전자기 법칙 등의 자연법칙들에 의해 별들이 무질서한 충돌 없이 안정적이고 질서 있게 운행하도록 조성한다.

'그 수가 무진장하고'(數無盡)에서의 '없을 무'(無)는 조화신 장의 '더 없는 으뜸자리'(無上一位)와 '무수한 누리를 주관하고'(主無數世界)의 무와 더불어, 창조하고 다스리는 하느님의 무한한 능력을 표현한다. 하느님이 창조하신 하늘도 비고 무한하고 완전히 대칭이어서 '허울도 바탕도 없고'(無形質), '처음도 끝도 없으며'(無端倪), '위아래 사방도 없고'(無上下四方), '어디나 있지 않은 데가 없으며'(無不在), '무엇이나 싸지 않은 것이 없다'(無不容)와 다음 장에서 설명되듯이 하느님이 만물에게 내리는 세 참인 성품과 명과 정기도 극히 순수하여 각각 '착함과 악함이 없으며'(無善惡), '맑음과 흐림이 없으며'(無淸濁), '후함과 박함이 없다'(無厚薄)에서의 무(無)도 하느님의 무한성을 표현한다.

무수한 별들의 큼, 작음, 밝음, 어두움, 괴로움, 즐거움이 다름은 천체들이 여러 형태로 치화되는 모습이다. 별들은 항상 같은 상태에 머물지 않고 처음 태어나는 생성에서부터 빛을 잃고 사라질 때까지 별의 일생이 있다. 각각의 별들은 태어날 때 그 크기가 정해지므로 별마다 그 크기가 다르다. 보통 별이 태어날 때는 크기가 클수록 밝으나 일생을 지나면서 그 밝기가 변하므로 별들은 각기 밝기가 다르며 고락도 다르다. 이 여섯 가지의 모습은 크기와 밝기와 즐겁기의 세 요소로 구분되어 있다. 크기는 하나 됨의 크기이므로 하나로 아는 덕(德)의 크기에 대비되고 밝기는 사물을 분별하는 지혜[慧]의 밝음에 대비되며 즐겁기는 처해 있는 세력의 정도이므로 힘[力]의 강약에 대비된다.

경전은 해나 지구나 모두 하나의 누리라 하므로 항성, 행성, 위성 등에 상관없이 따로 따로 떨어져 운행하는 천체는 각각 하나의 누리로 본다. 자연과학에서 말하는 별은 빛을 내는 항성을 뜻한다.

이 장에서의 한 하느님 [一神] 역시 앞의 두 장의 하느님 즉 조화신 및 교화신과는 다른 치화하는 하느님인 치화신임을 암시한다.

누리와 만물은 2장 조화신 장에서 가르친 것처럼 이미 창조되어 있으므로 여기에서의 조(造)는 조성의 의미를 가진다. 따라서 조군세계(造群世界)는 '질서 있게 누리들을 조성한다' 라는 의미가 된다.

해 누리 사자에게 7백 누리를 거느리라 명령함은 치화신의 치화 모습 중의 하나이다. 하느님이 모든 누리를 다스리지만 이렇게 사자들에게 맡겨서 다스리게도 한다. 조화는 하느님만이 하지만 교화와 치화는 신령이나 밝은이들과 더불어 한다. 해누리 사자는 하느님의 명을 받는 하늘의 사자이므로 천사(天使)이다. 다른 뭇 누리에도 각기 그 누리를 맡는 천사들이 있을 것이다.

'너희 지구'(爾地)에서의 이(爾)는 부르는 것이 아니고 너의 소유격이다. 지구를 하나의 작은 환(丸)으로 표현하여 하느님에게는 지구가 아주 작은 누리임을 알려준다. 우리가 입김으로 작은 환 정도는 밑까지 불어 감쌀 수 있듯이 하느님은 작은 지구에 기를 불어 밑까지 쉽게 감쌀 수 있다.

진(震)은 지진의 뜻이 있고 탕(盪)은 '씻다'의 뜻이 있으므로 진탕(震盪)은 지진이 일어나고 용암이 분출되어 지표면을 씻듯이 흘러내림을 뜻한다. 그러므로 '속불이 터지고 퍼져'(中火震盪)는 가끔씩 지표로 분출되는 지구 속 마그마의 활동을 묘사한 것이다. 속불이 터지고 퍼져 바다가 변하고 육지가 옮겨지는 현상은 지금도 진행되고 있다. 여섯 대륙은 고정되어 있지 않고 이동하고 있으며 지표뿐만 아니라 내부도 마치 살아있는 듯이 활동을 하고 있다.

현상(見象)은 생물의 활동이 있기 이전부터 있어 온 현상으로 바람 불고, 비 오고, 벼락치고, 바닷물이 출렁거리고, 지표가 변하는 등의 지표면 위에서 일어나는 온갖 자연 현상이다.

이러한 지표면 위에 치화 하느님이 기를 불어넣고 햇볕과 열을 비춰 생물들이 번식하게끔 만들었다. 태양이 지구보다 먼저 생겼으므로 지구상의 생물들이 번식하게끔 하느님이 태양의 열과 빛을 알맞게 쬐도록 조절했다고 해석할 수도 있다. 기는 공기가 아니라 마음과 기와 몸의 기로 간주해야 한다. 대기 즉 공기는 앞의 지표 현상의 일부로 만들어진다. 과학은 지구 탄생부터 지금까지 대기는 변화되고 있다고 밝힌다.

이 장에는 치화의 대상으로 다섯 종류의 군집들이 있다. 너희로 표현되는 사람들의 모임인 사람 사회, 별들, 하느님 치화를 돕는 천사들, 지구를 포함한 누리들, 각각의 생물 종의 모임 등이다. 앞 장에는 교화신을 모시고 있는 여러 신령과 밝은이들이 있다. 개체가 모여 군집을 이루면 양질 변화에 따라 개체의 성질과는 다른 군집의 특성을 가지게 된다. 동물의 경우에는 사회화되는 것이라 할 수 있다. 양질 변화는 양이 달라지면 질이 변화된다는 뜻이다. 예를 들면, 컵 한 잔의 물은 마시거나 씻기에 적당하다. 그러나 물의 양이 크게 불어나면 쓰나미가 될 수도 있다. 그 쓰나미는 큰 파괴력을 가지고 육지로 넘쳐와 많은 피해를 준다. 그 작용은 마치 태풍이나 산사태가 큰 피해를 입히는 것과 같다. 쓰나미는 물, 산사태는 흙과 바위, 태풍은 공기가 그 성분으로 각기 성분이 다르지만 거대한 세력을 가지는 쓰나미와 산사태와 태풍은 파괴력이라는 동일한 성질을 갖는다.

삼신 하느님

제2장에서 4장까지 설명한 바와 같이 하느님은 조화신, 교화신, 치화신의 셋으로 작용하는 삼일신 즉 삼신 하느님이다. 삼신에 대해서는 태백일사의 다음과 같은 구문[17]에도 설명된다.

---
17) 안경전, 앞 책, 305쪽.

삼신은 천일(天一), 지일(地一), 태일(太一)이다.
천일은 조화를 주재하고 지일은 교화를 주재하고 태일은 치화를 주재한다.
三神曰天一曰地一曰太一 天一主造化 地一主教化治 太一主治化

천부경에도 다음과 같은 구문이 있다.[18]

일(一)은 세 극으로 나누어지며 근본은 다함이 없다.
천일은 일, 지일은 이, 인일은 삼이다.
一析三極 無盡本 天一一 地一二 人一三

여기서 일(一)은 하느님을 의미한다. 조화신은 하늘을 내고 하늘에서 만물을 창조하므로 그 호가 천일이다. 교화신은 땅이나 땅과 같은 누리들에서 살고 있는 생물들을 교화하므로 그 호가 지일이다. 치화신은 뭇 누리도 치화하면서 영혼을 가진 생물들을 치화하므로 그 호가 인일(人一)이다. 정신이 물질의 주인이 되어 물질을 다스리고 사람이 생물을 대표하므로 치화신의 호가 인일이 된다. 사람에는 군집의 의미가 내포되어 있다. 태일(太一)은 인일(人一)의 다른 이름이다. 하느님은 작용은 셋이고 그 몸은 하나이므로 천부경은 '일(一)은 세 극으로 나누어지며 근본은 다함이 없다' 라고 한다.

신령

삼일신고와 참전계경은 신령이 존재함과 신령의 역할에 대해 설명한다. 삼일신고는 무수한 신령과 밝은이들이 하느님을 둘러싸고 모시고 있고 또 하느님은 해누리 사자에게 명하여 해누리를 맡아 다스린다고 한다. 이처럼 하느님은 신령과 밝은이들을 명해서 교화와 치화를 맡겨서 하느님의

---

18) 이 책의 '천부경에서의 조응' 장 참조.

뜻을 행한다. 사람은 살아서는 절대자인 하느님을 접하지 못한다. 화행해서 성통공완하여 밝은이가 된 영혼은 하늘집에 올라가 하느님을 뵙는다. 신령은 육신 없이 활동하는 존재이다. 해누리 사자인 천사도 육신 없는 신령이고 하느님의 명을 받아 해누리를 맡아서 치화한다.

신령은 하느님과 사람을 연결시켜주는 매개자의 역할을 한다. 해누리 사자가 해누리를 다스리는 것처럼 신령은 하느님을 대신하여 교화하거나 치화하면서 사람과도 접한다. 참전계경은 신령들이 우리 일을 낱낱이 듣고 본다고 한다. 제285일에서 '덕을 닦고 착함을 쌓아가서 사람이 오래 감동하고 신령이 감동하면 하늘도 역시 감동하여 가히 위 복을 받는다.'라고 하고 제187일에서 '혼자 스스로 속이며 비록 아는 이가 없다고 하지만 영혼이 이미 마음에 고하고 마음이 이미 하느님에게 고하며 하느님은 신령들에게 이미 명령하므로 신령들이 이미 조림하고 해와 달은 그 위에서 비춘다.'라고 함과 같이 신령은 사람의 행동을 보고 하느님께 고하고 또 하느님의 명령을 받들어 사람에게 응답한다. 하느님은 다 알면서도 사람에게 응답할 때는 사람에게 직접 접하지 않고 신령을 시켜서 응답한다.

사람은 신령들이 어떤 존재인지 잘 모르는데 신령들은 우리를 잘 알고 있다는 점이 불공평해 보이지만 우리만 바르고 착하게 행동하면 신령들이 우리를 도우니 걱정할 필요가 없다. 신령은 단지 하느님과 사람 사이에서 매개의 역할을 하며 하느님과 사람을 일체화하는 매개자이므로 우리는 어떤 신령이든지 신령을 모시면 안 되고 하느님만을 의지하고 경배해야 한다. 제8일 숙정이 '기를 세우고 마음을 물욕 없이 고요하게 안정시키면 능히 하늘의 신령을 볼 수 있다'라고 한 것처럼 육신을 가진 사람도 마음을 비우고 성품을 돌아보면 신령과 접할 수가 있다. 하느님과 사람의 영혼과 신령은 셋으로 일체화한다.

신령들은 아니지만 육신 없는 혼령도 존재한다. 신령과 다르게 혼령은 하느님의 명령을 받지 않고 떠도는 존재이며 요괴나 악귀 등은 혼령의 일종이다. 제6일은 '사람이 바른도로써 한즉 요괴는 그 모습을 나타낼 수 없고, 사특한 마귀도 그 간사함을 부릴 수 없다.'라고 하고 제347일은 '악귀가 몸을 따라다니면서 악인의 일을 방해한다고 한다.'라고 하면서 악귀가 있음을 알린다. 무속인들과 영매(靈媒)들은 혼령의 존재를 실증한다. 그들은 혼령과 접하여 과거에 자기가 접하지 못한 타인들의 생활 모습을 말해준다.[19]

  사람이 자신의 행위의 주체가 되고 신령이나 요괴는 사람의 선악에 따라 사람에 대한 작용이 달라진다. 사람의 영혼은 자유롭고 그 행동에 따라 화복을 받는다. 법에서 원인에 의해 판결을 받는 것과 같다. 만약에 영혼이 자유롭지 않고 교사되어 행위를 한다면 악행에 대해서 앙화를 받지 않을 것이다. 자기에게 책임이 없기 때문이다. 사람이 마음을 쓰고 행동함에 대하여 신령이나 요괴가 작용하므로 사람은 신령의 존재를 의식하지 말고 자기 성품을 발현해가면 살면 된다. 신령과 사람은 모두 피조물이고 서로 간섭할 수는 있어도 각자 독립된 개체이다. 사람도 성통공완하면 다른 신령들과 같은 반열에서 하느님을 뵙고 영원한 쾌락을 얻을 수 있다.

정신은 물질을 다스림

  삼일신고는 일관되게 정신이 물질을 창조하고 다스림을 설명한다. 하느님은 먼저 계셔서 빈 하늘을 내고 만물을 창조했으며 지구도 하느님이 햇빛을 적당하게 받게 하고 기를 불어서 생명들이 번식할 수 있게 환경을 조성했다. '하느님이 뭇 누리를 조성하고 하느님이 해 누리 사자에게 시켜 칠백 누리를 거느리게 했다.'라는 구절과 같이 모든 누리는 하느님이나 하느님의 명을 받은 정신을 가진 존재가 다스린다. 우리 지구는 만물 중에 사람이 하느님과 해 누리 사자의 도움을 받아 가며 다스린다. 물질은 스스로 질서를 찾아 움직일 수 없는 존재이고 하늘도 어떠한 정신의 작용 없이는 스스로 움직이지 않는 존재이다. 하느님은 정신적인 존재이므로 하느님을

---

19) 차길진, 『업』, 서음미디어, 2011.

소리나 기로 찾지 말고 머릿골 속에 있는 성품에서 찾으라고 했다. 이는 하느님의 진정한 모습은 물질이 아니라 정신임을 알린다. 물질은 정신이 제어하고 다스리는 바이므로 하느님의 모습은 물질적인 것이 아니라 정신적 성품으로 보아야 한다.

우주와 태양계의 모습

과학자들이 말하는 우리 우주의 나이는 138억 년 정도이어서 물질이 있는 공간은 138억 광년의 크기가 된다. 은하수로 불리는 우리 은하는 크기가 십만 광년[20]정도 되고 그 안에 태양과 같은 별들이 2000억 개 정도 있다. 우주에는 우리 은하와 같은 은하가 수 천 억 개 존재한다. 은하들은 무질서하게 늘어서 있는 것이 아니라 중력 법칙에 의해 은하단의 질량 중심을 중심으로 회전운동 한다. 하나의 은하단은 몇 개의 은하에서 수 천 개의 은하들로 구성되어 있다. 은하들은 중심과 바깥 부분의 공전 주기가 같게 관측되어서 우주에는 천문 관측되는 별들보다 약 6배 많은 질량의 암흑물질이 존재한다고 생각된다.

태양계에는 태양과 8개의 행성과 명왕성을 합한 주요 위성 24 개와 아스트로이드 라고 하는 화성과 목성 사이에 있는 2000개가 넘는 소행성들과 가끔 보이는 혜성들이 있다. 그 외에 명왕성 궤도 부근에는 얼음이나 암석 등의 조각들로 이루어진 카이퍼 띠가 있으며 태양 주위에 1광년 정도 떨어진 곳에는 오르트 구름대(전체 구성물의 질량은 지구와 비슷함)가 존재하여 그 구성물 중의 하나씩이 태양 근처까지 오는 혜성이 된다. 유성우는 태양이나 행성들의 중력의 영향으로 쪼개진 혜성의 조각들이 지구에 떨어지는 현상이다.

태양계에서 수성, 금성, 지구, 화성까지의 내행성은 고체로 구성되어 있고 목성부터 해왕성까지는 기체의 행성이다. 이러한 환경은 지구에서 생

---

20) 광년: 1 광년은 빛이 1 년 동안 가는 거리이다.

명체들이 번식할 수 있는 최적의 조건을 가져다준다. 서기 2000년 이후 하나의 별과 행성들로 구성되는 행성계가 만 개 이상 발견되었다. 이러한 행성계들 중에서 태양계와 같이 내행성들이 고체인 행성계는 약 1%라고 한다. 지구는 세 번째 행성으로 태양 빛이 적당히 쬐어지고 그 외의 환경도 적당하여 여러 행성 중에서 생명체가 살기에 가장 적합한 자연환경을 가졌다. 태양과 목성 등의 거대한 천체는 외부로부터 날아오는 물체들을 중력으로 끌어당겨서 그것들이 지구에 충돌하지 못하도록 어느 정도 지구를 보호한다. 위성으로 큰 달을 하나 가지고 있다는 점도 지구의 생명들에게 좋은 점이다. 달은 태양 빛을 반사시켜 밤에도 우리는 완전한 어둠이 아니라 사물을 식별하고 다닐 수 있을 정도의 빛을 가진다. 달이 차고 이지러짐을 보고 날짜를 알 수 있고 서정을 느끼기도 한다. 달은 작지만 지구에 가까워서 달이 지구에 미치는 중력은 태양의 2배가 되어 밀물과 썰물이 있게 한다. 지구를 감싸는 대기권부터 오로라층은 태양과 우주로부터 날아오는 X선이나 감마선 등을 차폐하고 운석 등도 막아준다.

생물 번식

하느님이 지구의 환경을 잘 조성하여 사람과 생물들이 번식하게 했다. 경전은 하느님의 본 모습과 작용을 가르치고 사람과 다른 생물들이 어떻게 번식하게 되었는지까지 언급한다. 이렇게 설명하는 이유는 무엇이나 자기가 어떻게 태어나고 존재하게 되었는지를 아는 것이 가장 중요하고 먼저 알아야 할 사항이기 때문이다. 경전은 이후에 사람과 생물이 어떠한 존재이고 어떻게 살아야 하는지에 대해 가르친다. 자애로우신 하느님은 인간에게 날마다 먹을 것만 주는 것이 아니라 근본적인 진리를 가르쳐주고 인간이 그 진리를 깨우치고 성장하여 가까이 오기를 원한다.

생물들은 움직이는 방법에 따라 다섯 종류의 동물과 식물로 분류된다. 즉, 육지에서 다니는 다님 동물, 공중에서 날개로 나는 날음 동물, 곤충과 같이 알-유충-번데기-성충 등의 과정을 통해 변태하는 변태 동물, 물속에서 헤엄쳐 다니는 헤엄침 동물, 이동하지 못하는 심음 식물로 분류된다.

5. 참

　사람과 생물이 다 같이 받는 세 참은 성품과 명과 정기이다. 사람은 그것을 옹글게 받고 다른 생물들은 치우쳐 받는다.
　참 성품은 착함과 악함이 없으며 위밝은이가 통한다. 참 명은 맑음과 흐림이 없으며 가운데밝은이가 안다. 참 정기는 후함과 박함이 없으며 아래밝은이가 보전한다.
　참으로 돌이켜 하느님과 하나가 된다.
　人物同受三眞 曰 性命精 人全之 物偏之 眞性 無善惡 上哲通 眞命 無淸濁 中哲知 眞精 無厚薄 下哲保 返眞一神

　이 장은 세 부분으로 나뉜다. 앞부분은 사람과 만물이 세 참을 받음에 대한 내용이고 두 번째 부분은 세 참에 대한 설명이며 마지막 부분은 사람은 세 참에 돌이켜 하느님과 일체가 되라는 내용이다.
　만물이 같이[同] 동질의 세 참을 받으므로 사람과 다른 만물들이 이질적인 존재가 아니고 근본이 같고 동료와 같은 종류이다. 그러므로 사람은 만물도 존중해야 한다.
　편(偏)은 '치우치다', '한쪽', '반쪽' 등의 뜻이 있다. 여기서는 전부가 아닌 일부라는 뜻을 가진다. 다른 생물들은 일부만 받으니 그 양을 작게 받는다.
　물(物)은 생물과 무생물을 다 포함한다.
　없음[無]은 하느님의 무한성을 나타낸다. 유한한 사람이 만든 물건이나 사람이 하는 일은 완벽한 것이 없으나 하느님은 무한해서 하느님이 준 세 참은 순수하다. 성품에 참[眞]을 붙인 이유는 습관이 굳어져 형성되는 사람 성품이 아니라 태어날 때 하느님이 하늘성품임을 의미하기 때문이다. 마찬가지 이유로 명과 정기에도 참 자가 붙었다.

정(精)은 정기로 번역한다.

성품

참 성품 즉 하늘성품은 사람이 사람 되게 하는 또 만물이 만물되게 하는 참된 정체성이며 성품으로 사물들에 작용하고 통할 수 있다. 사람은 성품을 옹글게 받아서 만물의 성품에 다 통하고 이해할 수 있다. 성품은 이치를 추구하므로 세상의 이치를 깨달을 수 있다. 이러한 성품은 우리가 일생을 공부해도 다 발현할 수 없다. 성품이 만물에 통해서 성품의 모양은 원 즉 동그라미로 상형된다.[21] 동그라미의 각 점은 다른 점과 동일한 입장에 있어서 구분 없이 하나로 통하니 만물에 통하는 성품과 그 모양이 같다. 그러나 마음의 습관이 굳어져서 형성된 사람성품은 모날 수가 있다. 심하게 모난 사람은 다른 사람들과 잘 어울리지 못하니 이런 사람들은 참 성품을 돌아보고 그 사람성품이 원만해지도록 노력해야 한다.

'참 성품은 착함과 악함이 없다' 함은 참 성품이 선악에 중립이 아니라 순수하게 착하므로 비교 대상이 없고 선악의 구별이 없어서 그런 것이다. 성품은 일체화하는 이치대로 작용하므로 착하다. 다음 장에서 '마음은 성품에 의거하여 착함과 악함이 있다' 라고 했으므로 성품은 순수하게 착한 것이며 마음이 이 성품에 맞으면 착하고 그렇지 않으면 악한 것이다. 성품은 선악을 따지는 것과는 차원이 다르게 선악 시비의 위에 있다.[22]

---

21) 대종교, 『대종교 경전』, 앞 책, 551쪽.
22) 최윤수, 『일체화 사랑과 영혼의 성장』, 엠-애드, 2025, 14쪽.

명

　명(命)은 하늘이 내린 명 즉 천명이므로 사람이 하느님으로부터 받는 수명이나 운명, 소명 등의 뜻을 가진다. 명은 시간적인 것으로 사람이 살아갈 때 일정 기간 맡아서 해야 할 일을 하느님이 주는 명령이다. 명은 개체가 차지할 분수이기도 하므로 계산이 된다. 죽느냐 사느냐는 명 중에서 중요한 명이다. 사람들이 태어날 때는 영문도 모르고 태어나며 죽을 때도 대부분 언제 죽을지 알지도 못하면서 죽는 것은 하늘의 명을 잘 모르기 때문이다.

　사람의 일생을 돌이켜 보면 나이 별로 주어진 일들이 있음을 알 수 있다. 갓난이나 유아는 부모나 다른 사람이 주는 음식을 먹으면서 자라는 것이 그 시기의 그의 명이다. 갓난이가 아무리 뛰어난 자질이 있어도 유아기에는 그 외의 할 일이 없다. 어린이가 점차 커서 어렸을 때 배우고 장성하여 일하다가 나이 들면 점차 활동은 축소된다. 사람은 일생을 살면서 나이에 따라 행동의 제한이 있으니 그것이 사람의 일반적인 명이다. 직장에 취직하거나 일을 배움에도 때가 있어서 나이가 들면 남의 밑에 들어가 일을 배우기도 쉽지 않다.

　직업에도 명이 있어서 어떤 이는 공무원이 되고 어떤 이는 상인이 되고 어떤 이는 다른 뭐가 되고 한다. 사람마다 다른 일을 해야 이 세상이 유지가 되므로 각 사람의 명은 다르다. 성품이나 정기가 비슷하다고 해도 명이 다르면 하는 일이 달라진다. 같은 학교를 나왔거나 같은 부모에게서 태어나도 각각 그 명이 달라서 가는 길이 다르다.

　사람 사회에서는 사람 만나는 것이 큰 명이다. 태어나면서 뜻밖의 부모를 만난다. 부모는 내가 누군지도 모르고 그 덕으로 몸을 받아 태어나기 때문에 뜻밖이다. 부모와 부모의 환경은 자식의 유년기를 거의 결정지으며 일생도 크게 좌우한다. 장성하면서는 선생이나 친구를 새로 만나 자기의 생각이나 삶에 큰 영향을 받는다. 배우자를 만나서는 인생의 반쪽이 결정된다.

명은 자기 뜻에 맞을 수도 있고 그렇지 않을 수도 있으며 자기도 모르는 사이에 주어질 수도 있다. 어떤 사람의 경우에는 태어날 때 일생의 명이 알려지는 경우도 있다. 일부 사람들의 태몽은 간략하지만 그 사람이 태어나 일생동안 어떠한 일을 하며 어떻게 살지를 알려준다. 예언을 잘하는 사람이 어떤 사람의 일생을 예언하면 그 사람이 그 예언대로 사는 경우도 있다. 명이 어떤 식으로 나에게 오든 사람은 자기의 명을 알아서 자기 할 일을 충실히 해야 한다.

각 사람의 명은 순수하게 맑으므로 사람이 명대로 하는 일은 신성한 것이며 사람의 영혼은 그 수명이 영원하다는 것을 알 수 있다. 기는 참 명에 의거하여 맑음과 흐림이 있어서 맑으면 오래 살고 흐리면 빨리 죽는다. 기는 언젠가는 흩어져 육체가 죽는다. 그렇지만 우리가 하느님으로부터 받은 참 명은 순수하게 맑기 때문에 참 수명은 영원하며 영혼은 불멸한다.

명은 과거냐 미래냐로 구별된다. 과거는 돌아갈 수도 없고 돌이킬 수도 없고 미래는 아직 안 온 시간이다. 시간에 구별이 있는 것처럼 명은 사람마다 다르고 사물마다 다르게 구별되어 주어진다. 남자로 태어나느냐 여자로 태어나느냐, 과거냐 미래냐, 개냐 사람이냐, 그 일을 하느냐 마느냐, 옳으냐 그르냐, 한 남자 또는 여자를 차지하느냐 못 하느냐, 그리고 나는 뭐하고 너는 뭐하고 하는 등과 같이 구별이 된다. 누가 어떤 자리를 차지하면 다른 사람은 그 자리를 차지하지 못한다. 사람이 개 노릇을 못 하고 개는 사람 노릇을 못 한다. 그래서 명의 형상이 모나는 네모 즉 방(方)이다. 네모는 둘의 형상으로 양쪽 선으로 나뉘어져 있고 꼭지점들도 있어서 원과는 다르게 구별의 모습을 가지고 있다. 모든 점이 다 동일한 입장에 있는 동그라미와 다르게 네모에는 서로 구별되는 선이 있고 꼭지점이 있다.

사람뿐이 아니라 천사도 하느님의 명을 받는다. 해누리 사자는 하느님으로부터 칠백 누리를 맡아 다스리라는 명을 받는다. 하늘집에서 하느님을 보좌하는 군령제철도 하느님의 명을 받든다. 참전계경은 사람들이 여러 가지 모습으로 명을 받으며 살아가는 모습들을 그리고 있다. 큰 자리를 차지하는 사람, 부유하게 사는 사람, 오래 사는 사람, 학문이 있는 사람, 가난하게 사는 사람 등 천차만별이다.

　수행해서 어느 정도 계제에 오른 가운데밝은이나 성품에 통한 위밝은이는 명을 안다. 사람은 자기의 명을 궁금해하고 알고 싶어 하지만 뭇사람들은 명을 알기 어렵고 지나온 과거를 돌이켜보고 자기의 명이 무엇인지 어렴풋이 짐작하는 정도이다. 인류는 명을 알기 위해서 별의 운행을 연구해서 미래를 예언한다든지, 사주나 관상을 연구하여 사람의 명을 보는 기술을 발전시켰다. 그래서 많은 사람이 사주 관상을 본다든지 별점을 친달지 아니면 신점을 친다든지 한다. 특히 힘들고 곤궁할 때는 하느님은 왜 나를 이렇게 고생시키나 하면서 팔자 타령하기도 하고 점을 보러 간다. 그래서 잘 맞추는 역술가나 무술인들의 집은 문전성시를 이룬다. 그렇지만 뛰어난 사람이라도 하느님이 내린 남의 명을 다 알지는 못하여 틀린 경우가 많으므로 역술가를 찾아다닐 필요는 없다. 사람은 이미 순수하게 맑은 명을 받았으므로 그 명에 돌이키고 지금 하고 있는 올바른 일이 자기의 명인 줄로 알고 자기 직분을 충실히 하면 된다. 또 하느님의 뜻대로 모든 일이 이루어지니 기도하고 성품을 돌아보는 것이 낫다.

　참전계경의 갚음 장의 가르침처럼 현재의 명은 과거의 행함의 결과로 주어지고 현재의 행함은 미래의 명에 영향을 준다. 자기에게 주어진 명이 다른 사람에 비해서 작을 수도 있고 클 수도 있지만 아무리 작은 일이라도 정성을 다해서 그 일을 해야 자기의 명을 안다고 할 수 있다. 직업의 크고 작음에 미혹되면 허망에 미혹되는 것이다.

정기

　정기[精]는 신체 활동에 활력을 주는 것으로 '산천의 정기를 타고나' 나 '사람의 정기는 눈에 모여 있다.' 등과 같이 쓰이는 용례가 있다. '생식에 의해 받은 정기는 선천적 정기이고 음식으로부터 얻는 정기는 후천적 정기이다.', '신장은 정기를 갈무리한다. 신장의 정기는 인체를 성장 발육생성시키고 기타 장부의 정상적인 생리활동을 유지시키는 활력의 기초이다.', '정기를 소모하면 생명에 치명적인 영향을 준다.', '뼛속 정수에 정기가 들어있다.' 등의 구절에서의 정기는 사람의 신체가 존재할 수 있게 활력을 주는 고형적인 그 무엇이다.

 이 경전과 비슷하게 정기를 말하는 문헌들의 몇 가지 예문들이 있다. 관자(管子) 내업(內業) 편에 '모든 사물의 정기, 이것이 생명을 이룬다.', '무릇 사람은 생명이다. 하늘로부터 그 정기가 나왔고 땅으로부터 그 몸 즉 형체가 나왔으며 이것들이 합쳐짐으로써 사람으로 된다.' 라는 구절이 있다. 이는 몸에 정기가 있어야 살아있는 생명체가 된다는 뜻이다. 성명규지(性命窺知) 총론 중에는 '몸 가운데의 정기는 죽은 듯 고요하여 움직임이 없다. 강건하고 치우침이 없이 바르며 순수한 정기라는 것인데 이것이 보존되면 바로 성품이 깃들이는 곳이요 명의 뿌리로 되는 것이다.' 라고 한다.

 정기는 만물이 일정한 공간을 차지하며 활동하는 데에 필요하다. 정기를 가지는 만물은 세상에서 다른 것들과 함께 자리를 공유한다. 공간 즉 어떠한 장소는 그곳을 떠나도 나중에 다시 찾아올 수 있다. 시간처럼 한 번 지나가면 다시 오지 않는 것이 아니다. 세상이라는 공간에는 각자의 정기를 갖는 사물들이 공존해 있는 곳이다. 나도 있고 너도 있고 그도 있고 나무도 있고 하늘도 있고 땅도 있다. 이렇게 정기는 여럿으로 나뉘어 있어도 조화를 이루며 공존한다. 그러므로 그 형상이 세모 즉 각(角)이다. 세모에는 네모와 같이 맞섬이 없다. 한쪽 모서리를 잡고 마주보는 곳을 보면 그 모서리와 연결된 다른 두 개의 모서리가 보이니 맞서는 것이 아니라 서로 의지하며 공존하는 모습이다.

 몸은 후함과 박함이 있으나 정기는 순수하게 후하므로 사람은 원래 모두 귀하다. 정기를 가지고 활동하므로 존재가치가 있어서 귀해진다. 정기를 누설하면 활동을 못 하게 되어서 존재가치가 없어진다. 작더라도 자기가 맡은 직분을 열심히 하면서 사회를 이롭게 하면 귀하다. 주택에서 주춧돌도 귀하고 대들보가 귀하지만 서까래도 귀하고 벽을 이루는 흙도 귀하다.

성품과 명과 정기의 삼일

　세 참인 성품과 명과 정기는 붙어 있어서 하나라도 빠지면 나머지는 존재하지 않는 셋으로 하나 되는 삼일이다. 개체는 시공간에서 존재하므로 그것의 정체성이 되는 성품과 시간상에서 차지하는 명과 공간상에서 차지하는 정기가 다 갖춰져야 존재할 수 있다. 예를 들어 건물에서도 세 요소를 찾을 수 있다. 건물에는 성품으로 볼 수 있는 용도가 있고 존재하는 기간이 있으며 차지하는 장소와 크기가 있어서 참의 세 요소를 볼 수가 있다.

세 밝은이

　보전과 앎과 통함은 위, 가운데, 아래의 수행의 세 단계를 말해준다. 참에 돌이키는 화행을 시작하여 어느 정도 진행되면 자기의 몸을 함부로 하지 않기 때문에 정기가 보전된다. 이 단계의 수행자는 성품에 통하지도 않았고 자기의 명을 몰라서 자기가 하늘로부터 받은 일은 잘 모르며 오로지 참에 돌이키며 정기를 보전하는 사람이므로 아래밝은이라 한다. 화행이 더 진행되어 아직 성품에는 통하지 못했더라도 정기를 보전하고 자기의 명을 알아 정성스럽게 화행하고 일하는 사람은 가운데밝은이이다. 화행에 더욱 정진하여 정기를 보전하고 명을 알고 성품에 통하면 위밝은이의 단계에 오른다.

　화행의 궁극적 목표는 성통공완하는 것이다. 그래서 성품은 이 경전의 전체에 걸쳐 골고루 5번이나 사용되어 강조되고 있으며 교화신 장에 하늘집에 이르는 방법은 성품대로 착함을 행하여 착함의 계단을 오르는 것이라고 한다. 하느님을 뵙기 위해서는 육신의 수명을 늘리지 않아도 되고 힘을 기르지 않아도 된다. 화행해서 정기를 보전하여 차력사처럼 힘을 기를 수도 있고 기 수련을 해서 신선처럼 수명을 늘릴 수도 있지만 이러한 것들은 화행의 부수적인 성과이다.

　밝은이의 단계가 위, 가운데, 아래의 세 단계로 대강 분류된다. 그렇지만 사람마다 참에로의 돌이킴에는 천차만별의 차이가 있다. 통함도 사람마다 다 다르게 통하여 통한 사람들을 모아 놓아 서로 비교해보면 그 우열과 성격은 각기 다르다. 사람으로서 완전하게 통한 사람은 극히 드물다고 할 것이다. 사람이 성품에 통했다 해도 하늘집의 '착함 섬돌과 덕의 문'의 어느 단계에 머무르는 상태에 있으므로 지속적으로 화행하고 공적을 쌓아야 한다.

참에 돌이켜 하느님과 일체화함

참에 돌이켜 하느님과 하나가 된다고 했으므로 참은 자연이나 다른 존재로부터가 아닌 하느님으로부터 받는다. 사람과 다른 생명들은 참을 받으므로 하느님과 하나가 될 수 있는 무한한 가능성을 지니고 있다. 사람은 성품에 통하는 만큼 하나로 통하여 여기는 덕이 커지고 명을 아는 만큼 지혜가 밝아지며 정기를 보전하는 만큼 힘이 세어진다. 즉, 사람이 참에 돌이키면 점차 하느님과 가까워져 하나가 되어가면서 하느님이 가진 세 능력인 덕과 지혜와 힘을 가지게 된다. 하느님은 천지의 임자이니 하느님과 하나가 됨은 천지와도 하나 됨이다.

6. 허망

  오직 중생들은 땅에 미혹되어 세 허망에 대한 집착이 뿌리박으니 마음과 기와 몸이다.
  마음은 성품에 의거하여 착함과 악함이 있으며 착하면 복을 받고 악하면 앙화를 받는다. 기는 명에 의거하여 맑음과 흐림이 있으며 맑으면 오래 살고 흐리면 빨리 죽는다. 몸은 정기에 의거하여 후함과 박함이 있으며 후하면 귀하고 박하면 천하다.
  惟衆迷地 三妄着根 曰 心氣身 心依性 有善惡 善福惡禍 氣依命 有淸濁 淸壽濁殀 身依精 有厚薄 厚貴薄賤

  이 장은 두 부분으로 나뉜다. 앞부분은 허망의 뿌리를 설명한 부분이고 그 이후 부분은 허망에 대한 설명이다.
  '오직[惟]'은 탓하는 느낌으로 앞의 밝은이같이 참에 돌이키기만 하면 되는데 '오직' 너희 중생들은 그 쉽고 편한 것을 안 하고 허망에 미혹되고 집착한다고 하는 말이다.
  허망[妄]은 마음과 기와 몸의 셋이다.
  무생물에는 마음과 기와 몸이 없으므로 중생[衆]은 생물이다. 생물(人物)은 중생과 밝은이로 나뉜다. 중생들은 참에 돌이키지 않는 생물들로 참에 대한 진리의 말씀을 못 들었거나 들었어도 떼뭉쳐 다니면서 허망을 좇는다. 사람 이외의 다른 생물들도 참을 부분적으로 받아서 원칙적으로는 참에 돌이킬 수 있다. 그러나 다른 생물들은 참을 옹글게 못 받으므로 교육받기가 어렵고 밝은이가 되기 어렵다.
　망(妄)은 일시적이라는 허망의 뜻을 가진다. 마음과 기와 몸의 세 허망은 상대적이어서 참에 의거(依)해야 판단 기준이 선다. 바람 부는 대로 흘러가는 뜬구름 같은 허망은 중심이나 기준이 없어서 참에 의거하여 좋은지 나쁜지 판단이 된다.

땅에 미혹되어 세 허망이 뿌리박음
　땅 즉 자연 자체는 하느님이 창조하여 기를 밑까지 불어 싸서 생물들이 번식하게 했으므로 허망한 것도 아니고 오히려 우리가 그 위에서 살므로 고마운 존재이다. 마음과 기와 몸의 세 허망은 우리의 영혼이 그 안에 존재해야 되는 소중한 집이므로 건장하게 유지해야 한다.
　하느님은 만물을 창조하므로 우리의 몸도 창조해서 우리가 몸을 가지게 된다. 우리는 이 허망을 빌어 세상에 태어나 세상 구경도 하고 세상을 배우기도 한다. 신비롭고 정교하게 만들어진 우리 몸은 인간이 만들어내지 못한다. 머리털 한 올이라도 마음대로 하지 못해서 흰머리를 검게 바꾸지도 못하고 약을 써도 머리카락을 나게 하기 어렵다. 우리가 건강을 잃는다든지 기가 빠진다든지 마음이 상하면 정상적인 생활을 못 하며 고치기도 어렵다. 몸 아프면 일이나 공부를 하지도 못하며 놀지도 못하고 만사가 귀찮다. 그래서 허망은 소중하다.
　중생들은 나면서부터 땅을 바라본다. 태어나면서 우선 먹는 것이 급하고 옷도 입어야 하고 자라면서는 땅의 사물들을 보고 듣는다. 이르므로 중생들은 자연스럽게 땅에 미혹(迷)되고 세 허망에 대한 집착이 뿌리박는다. 어렸을 때는 몸이 전부인 줄 알다가 자라면서 점차 마음과 기를 배워서 마음 다스림과 기의 유통이 중요함을 안다. 그러나 이러한 마음과 기와 몸은 외부에 있는 땅의 것들이 들어와 만들어진 것이므로 영원한 것이 아니고 우리가 죽으면 다시 땅으로 돌아가는 것들이다. 몸은 우리가 먹고 숨 쉬면서 취하는 물질들로 구성되어 있고 물질들은 우리의 몸속을 들어왔다 나갔다 하며 끊임없이 유전한다. 몸은 살아있는 동안에 일시적으로 존재해 있다가 죽으면 흩어지며 몸이 죽으면 몸속에 있는 기도 흩어지고 마음은 사라지므로 허망이라 한다.

영혼이 참과 허망을 받는다

사람은 참과 허망을 모두 하느님에게서 받으므로 참과 허망은 사람의 주체가 될 수 없고 받는 주체는 영혼이다. 몸은 허망의 하나로 허망한 것이어서 더욱이 주체인 참 나가 될 수 없다. 영혼이 몸이라는 집의 주인이고 마음은 그 몸을 부리면서 관리하는 존재가 된다. 영혼은 성품을 따르면서 몸의 관리자인 마음을 잘 다스려야 되고 관리자의 말을 취사선택해가면서 들어야 한다. 마음을 바르게 하고 기를 순화시키고 몸을 건강하게 유지하며 잘 관리해야 한다. 그러나 허망은 우리 영혼이 아니고 집이기 때문에 거기에 집착하면 안 된다. 허망이 참을 따라오게 운용해야지 이것이 진짜인 줄 알고 허망에 미혹되어 참을 저버리면 안 된다. 그 집에서 착하게 행하며 하느님이 주신 직분을 다하며 살고 영혼의 성장을 이루어야 한다.

마음

마음에 대한 책들이 많아 다양한 해설이 있지만[23] 마음과 감정과 정신 등을 구분 없이 사용하는 경향이 있다. 마음은 사람이 땅에 미혹되어 생기

---

23) 주자학에서 주자는 마음은 기가 섞인 것이라 하여 본성과 감정을 다 거느린 것으로 보았다. 성품을 따르는 마음을 도심(道心)이라 하고 욕망이 있는 정감을 가진 것을 인심(人心)이라 했다. 같은 유학자이더라도 왕양명은 '마음밖에 어떤 사물도 없고 이치도 없다. 양지(良知)가 마음의 본체이고 선하다'라고 하여 불교와 유사한 말을 했다. 불교에서는 마음이 몸의 주인이고 일체는 오직 마음이 지은 것(一切唯心造)이라고 한다. 데카르트가 정신과 물질이 만난 곳이 인간이라 했고 칸트는 마음이 내면적이고 주관적인 것이서 수학적으로 설명할 수 없다고 말했다. 지금에는 심리학자 등 일부 과학자들이 꾸준히 마음을 물질적인 방법으로 설명하고자 노력하고 있다. 마음을 뇌의 작용과 뇌에서 분비하는 성분들로 해설하고자 하며 인공지능과 같이 컴퓨터로 뇌의 작용을 모사하고자 하는 시도도 있다. (강병조, 『뇌과학과 마음의 정체』, 하나의학사, 2009.) 이들은 마음이란 외부 입력에 대하여 뇌가 작용하여 어떠한 출력을 내는 작용으로 본다. 요즘 인공지능은 하드웨어이면서도 자기가 소프트웨어도 짜는 창발적 기능을 가지는 두뇌의 기능을 따라서 하고 있다.

며 몸이 없어질 때 같이 없어지는 허망 중의 하나이다. 마음은 외부 상황에 대응하면서 착함과 악함으로 나타나 보임이 가장 큰 부분이다. 즉 마음이 외부 사물에 대응하면서 밖으로는 착하게 보이거나 악하게 보인다는 것이다. 마음은 외부 사물에 대응할 때 선악을 알면서도 악하게 또는 착하게 대응한다. 마음이 움직일 때는 성품과 부딪혀 감정이 동반되므로 사람들이 감정도 마음이라고 착각할 수 있다. 마음은 견물생심이라는 말에서 알 수 있듯이 사물에 접하여 대응하며 몸의 생존을 도모한다. 사물에 대응할 때 마음은 이럴까 저럴까 생각하며 여러 마음이 있을 수가 있고 하늘성품을 따르는 본심도 있다.

영혼은 여러 마음과 성품 중에 택하면서 마음에 명령을 내리고 마음은 몸의 관리자로서 몸을 부려서 행동하게 한다. 마음이 성품에 맞게 향하고 영혼이 그 마음을 선택하면 복을 받고 그렇지 않으면 앙화를 받는다. 제284일에 '갚음이란 하늘이 악한 사람을 앙화로 갚고 착한 사람을 복으로 갚는다'라고 한 것처럼 그 화복은 하늘이 내린다.

기

우리 조상들은 기에 대해 잘 알았다. 그래서 '기가 막힌다', '기차게 잘 한다', '기혈의 순환이 좋다' 등과 같이 우리는 일상적으로 기라는 말을 많이 쓴다. 요즈음 학교에서는 기에 대해 가르치지 않으므로 일반 사람들은 기의 존재를 못 느끼고 수행자나 한약방이나 기공사들에게 가야만 기에 대한 이야기를 들을 수 있다. 기의 존재를 언급하는 황제내경은 원기(元氣), 진기(眞氣), 종기(宗氣), 영기(營氣), 위기(衛氣), 정기(正氣), 사기(邪氣) 등으로 기를 분류하며 음양오행이나 오운육기 등의 기 이론이 있다.

기의 정체가 무엇인지를 현대과학은 모르지만 기를 과학적으로 측정하고자 하는 시도가 진행되고 있다. 키릴리안 사진기로 기를 찍은 사진들이 공개되어 있다. 기공할 때 임파선 부근에서 적외선이 나오거나 기공사가 치료할 때 자력선이나 적외선 등의 신호가 나온다는 검출 결과가 보고되고 있으나 기의 정체를 정확히 밝히지는 못하고 있다. 여러 기 수련 단체들이 기를 단전에 모으고 체내에서 운행하는 조식 수행법을 가르치고 있다. 기 수련자를 약간만이라도 따라 하면 기의 존재를 느끼거나 아랫배에 따뜻한 기를 느낄 수 있다.

  기의 상태는 맑음과 흐림의 상태로 대별 되지만 기의 종류는 무수히 많다고 볼 수 있다. 생물의 몸의 구조가 복잡하여 지금도 연구 중에 있듯이 기도 앞으로 연구하면 복잡할 것이다. 명은 시간상에서 우리에게 주어지는 직분이기 때문에 각각의 직분에 대한 기가 다르다고 할 수 있다. 수명은 몸의 건강과는 다른 기제이다. 건강하다고 안 늙는 것은 아니다. 몸이 늙었다고 해도 기가 맑으면 오래 산다. 과학에서는 인간의 수명에 관계된 것을 텔로미어라고 밝히고 있다. 이 텔로미어가 기와 어떤 연관이 있는지는 모르지만 그것은 사람의 건강과는 관계없이 시간이 지날수록 짧아져서 노화가 진행된다고 한다. 노화와 상관없이 병들어 죽게 되는 경우에는 기가 탁하게 될 것이다. 명은 순수하게 맑기 때문에 기가 명대로 하면 기도 맑아져 수명이 길어진다.

몸

  몸은 영혼과 마음과 기를 담고 있다. 기가 몸 밖에까지 방사되어 나온다고도 하여도 몸을 따라 움직인다. 몸은 50조 개 정도의 세포로 이루어져 있으며 세포들은 모여서 기관을 형성하고 기관들이 모여 몸을 이룬다. 몸은 음식물로부터 영양을 섭취하고 그 영양분을 분해하여 필요한 분자로 만들어 각 세포에 공급한다. 마음과 성품이 들어있는 뇌에는 1000억 개의 뉴런이 있고 각 뉴런에는 1000개 정도의 시냅스가 달려서 100조 개의 시냅스가 서로 얽히고설키어 있다.

  이러한 몸은 지금까지 인간이 만든 어떠한 기계보다 우수하고 아직도 밝혀내야 할 게 더 많다. 이렇게 우수한 몸이라도 몸은 우리가 한 생에 살면서 가지다가 수명이 다하면 버리고 다음 생에서는 다른 몸을 가지는 집이나 옷과 같은 것이다. 우리가 입는 옷도 온갖 기술을 사용하여 공장에서 만들어지므로 보통 사람들은 그 제조 원리를 잘 모른다.

  몸은 정기에 의거하여 후하면 귀하고 박하면 천하다. 몸이 건강하고 병이 없으면 활력이 넘쳐 귀하게 된다. 사람이 몸이 건강하지 못하면 활동에 제한이 있고 일을 못 하게 되므로 시간이 지나면 자연히 천하게 된다. 아무리 큰일을 맡을 능력이 있어도 내 몸이 아프면 그 일을 하지 못하는 것은 어쩔 수 없다.

  사회적으로 보면 귀함은 남에게 이로움을 줌으로부터 비롯된다. 권세가 있을 때 그 권세를 잘 쓰면 귀하게 되지만 못 써서 인민들에게 피해를 주면 오히려 크게 몸을 버리고 천하게 된다. 성품대로 사람을 사랑하면 외롭지 않고 베풂을 기뻐하면 귀해진다. 베풀면 남을 이롭게 하는 것이고 사람들은 본인을 이롭게 하면 귀하게 여기므로 베풀면 귀해진다.

  작은 자리 낮은 자리에서 남을 이롭게 하면 더욱 귀하다. 낮은 자리에 있어 설령 중생들이 보기에는 귀하지 않은 것처럼 보일지라도 자기는 적게 차지하고 남에게 많이 주고 이롭게 하면 귀하게 여겨진다. 현실에서는 능력자가 낮은 자리에만 머무르면 큰일을 못하므로 큰 자리를 차지하며 일을 하면서 그 마음을 낮게 가지면 된다. 하느님은 가장 높은 자리에 계시지만 이 세상에서는 모습도 없고 자리도 차지하지 않으면서 우리를 늘 이롭게 하며 조교치화하니 가장 귀한 분의 모습이다.

마음과 기와 몸의 삼일

  세 허망은 떨어질 수 없는 삼일을 이룬다. 마음과 기는 몸속에 있다. 몸은 형체를 갖추고 공간의 일부를 차지하고 기는 몸을 돌면서 몸이 시간적으로 유지될 수 있게끔 하며 마음은 몸의 관리자가 되어 몸이 움직일 때 사물에 대응하여 몸을 부린다.

7. 길

참과 허망이 맞서 짓는 세 길은 감정과 호흡과 감각이며 굴러 열여덟 지경을 이룬다.

감정에는 기쁨, 두려움, 슬픔, 성냄, 탐함, 싫음이 있다. 호흡에는 맑음, 흐림, 차가움, 더움, 마름, 젖음이 있다. 감각에는 소리, 색깔, 냄새, 맛, 음욕, 살닿음이 있다.

眞妄對作三途 曰 感息觸 轉成十八境 感 喜懼哀怒貪厭 息 芬彌寒熱震濕 觸 聲色臭味淫抵

이 장은 두 부분으로 나뉜다. 첫 부분은 참과 허망이 맞서 짓는 세 길과 지경에 대해 설명하고 다음 부분은 18 지경의 종류를 말한다.

길은 참과 허망이 맞서 생김

참과 허망이 맞서 세 길이 생긴다. 감정과 호흡과 감각의 세 길은 참과 허망을 연결시켜주며 사람이 외부 사물을 보고 듣고 느끼고 숨 쉬며 기를 들이고 내므로 외부 세계와 접하는 길이기도 하다. 성품과 마음이 맞서 감정이 생김의 예를 들면 다음과 같다. 불쌍한 사람을 보고 동정하여 도와줘야 할 때 마음을 일으켜 도울 때는 기쁨을 느끼고 여러 가지 이유로 구하지 않고 지나칠 때는 누군가에게 말하기 부끄러운 두려움이 생긴다. 여기서 불쌍한 사람을 보고 도와야 된다는 생각을 가짐은 성품이고 마음을 움직여 구하거나 구하지 않음은 마음의 작용이며 성품과 마음이 맞선다. 마음이 성품에 맞게 구할 경우에는 기쁨의 감정을 느끼며 그렇지 못할 때는 부끄러운 감정을 느낀다.

호흡은 명과 기의 맞섬에서 지어진다. 사람이 숨을 쉬는 것은 명이 있어서 공기와 기를 들이고 내기 때문이다. 감각은 정기와 몸의 맞섬에서 지어진다. 몸이 정기를 취하고자 식량을 얻을 때는 보고 듣고 맛보고 냄새 맡고 손이나 발로 만져본다. 몸이 활동할 때는 감각기관을 사용하면서 정기를 소모한다.

영혼은 이 세 길을 통해서 세상과 접하므로 세 길을 세 문[24]이라고도 한다. 우리가 눈을 통해 보지 않으면 세상의 모습을 볼 수 없고 귀를 통해 듣지 못하면 세상의 소리를 듣지 못한다. 입을 벌리지 않으면 말문을 열지 않은 것이고 또 음식을 먹을 수가 없다. 이처럼 우리가 세 길의 문들을 통해서 세상으로 통한다. 또한 남들도 이 문을 통해서 내 마음을 볼 수가 있어서 예를 들면 눈은 마음의 창이라 불린다. 옛날 유럽의 어떤 신학자는 '우리가 눈을 통해 세상을 보는 것처럼 하느님은 눈을 통해서 우리에게 들어온다'라는 말을 한 적이 있다. 눈뿐만 아니라 하느님은 귀를 통해 입을 통해 또 온몸을 통해 들어올 것이지만 눈이 가장 중요하다. 사람은 오감을 통해서 외부 사물에서 하느님의 존재를 간접적으로 깨닫고 인지한다. 또 숨을 통해서 우리가 기를 호흡하며 세상에서 살 수 있으므로 호흡도 세상으로 통하는 일종의 문으로 볼 수 있다. 기쁨이나 슬픔 등의 감정도 문의 기능을 한다. 감정의 도움을 통해 세상일의 중요도를 판별하고 인식하기 때문이다. 우리가 옛일을 기억할 때 가장 기쁜 일, 가장 슬픈 일, 가장 두려운 일 등과 같이 감정이 깊은 일들이 먼저 떠오른다. 이는 세상이 감정이라는 문을 통해 우리 안으로 들어와 기억되기 때문이다.

감정

감정은 저절로 일어나지 않고 외부 자극에 대해 호르몬의 작용을 통해서

---
24) 안경전, 앞 책, 310쪽.

일어난다. 우울증에 걸린 사람이 정신적 치료를 받는 것보다 항우울제를 복용하면 금방 쾌활해진다. 감정은 성품과 마음을 잇는 길이므로 선악에 중립이다. 분노에 휩싸여 이성을 잃을 때처럼 안 좋을 때도 있고 성스러운 감정으로 자아 성찰을 할 때도 있다. 감정은 참과 허망에 연결되어 있어서 참과 허망의 기억을 간직하면서 판단에 관여한다. 예를 들면 학생이 좋은 일을 해서 스승에게 칭찬받으면 다음에 그 일을 더 하고자 한다. 칭찬받는 기쁨에 대한 기억이 없다면 그 좋은 일을 다시 할 가능성이 작아진다. 기쁨이 크면 클수록 의욕도 커져서 그 일을 더 하게 된다. 반면에 나쁜 짓을 저질러 혼나는 두려움의 기억이 있다면 다음에 그 두려움을 주는 짓을 다시 안 하려고 한다. 이처럼 감정은 우리가 당하는 일의 중요도를 기록하여 훗날에 다시 그와 비슷한 일이 일어날 때 그 중요도를 알려준다.

여섯 감정 중 기쁨이 가장 먼저인 이유는 기쁨이 생존과 일체화에 밀접한 관계가 있기 때문이다. 통계 조사 결과로 보면 부정적 감정을 느낄 때보다 좋은 감정을 느낄 때가 2배 많다고 한다. 단지 공포나 안 좋은 일들은 생존에 직결되어 더 강하게 기억되어서 고통스러운 일들이 더 많은 것처럼 착각할 따름이다.[25] 사람의 하늘성품이 착하여 서로 도와주고 베풀어주며 일체화하려는 성향이 있으므로 다른 다섯 가지 감정보다 기쁨을 느끼는 때가 더 많다.

여섯 감정 중 기쁨과 두려움은 짝이 된다. 하늘성품에 맞거나 몸의 생존에 유리하면 기쁘고 그렇지 않으면 두려움을 느낀다. 내가 하늘성품에 부합하게 사람들을 사랑하면 기쁨을 느낀다. 일의 진행이 정당하게 잘 진행되면 기쁨을 느낀다. 하늘성품과 몸의 생존이 서로 대립할 수도 있다. 물욕이 강하면 부정을 저지르면서 재물을 모으고 정의를 중시하면 목숨까지 바쳐가며 정의를 지킨다. 슬픔과 분노는 상실에 대한 감정으로 그 상실이 어쩔 수 없거나 정당하다면 슬픔을 느끼고 부당하다고 생각되면 분노를

---

25) 최현석, 『인간의 모든 감정』, 서해문집, 2011, 110쪽.

느낀다. 예를 들어, 애인이 떠난다고 할 때 마음은 그 상실을 어쩔 수 없이 받아들이며 슬픔의 감정을 느낀다. 분노는 고의에 의한 불공정이 자신이나 자신이 속한 사회가 손해를 입을 때나 무시당할 때 느끼는 감정이다. 손해는 일종의 상실이다. 상실이나 무시당함이나 부당성은 다 분리의 범주에 속한다. 그러므로 슬픔과 분노는 분리에 대한 감정으로 짝이 된다. 탐함은 어떠한 대상을 자기 것으로 하고자 함이며 싫음은 대상이 자기 것이 되거나 자기에게 가까워짐을 바라지 않을 때 느끼는 감정이므로 탐함과 싫음은 대상의 가까워짐과 멀어짐에 대한 감정으로 짝이 된다.

호흡

호흡은 똑딱거리는 시계 소리처럼 들숨과 날숨을 번갈아 쉬면서 우리의 삶을 시간적으로 센다. 사람은 숨 쉬면서 몸에 필요한 산소를 얻고 이산화탄소를 배출한다. 세포는 산소를 공급받지 못하면 괴사하는데 특히 뇌세포는 4분 정도 산소 공급이 안 되면 손상당해서 회복 불가능하게 된다. 사람은 보통 1분에 18회 숨 쉬고 마음을 집중하거나 위험을 느껴 긴장할 때는 숨죽이면서 가늘고 길게 쉬며 운동을 하면서 체력을 많이 소모할 때는 숨을 빨리 쉰다.

이러한 호흡에서 우리는 공기와 더불어 기도 호흡한다. 조식이나 단전 호흡 수련을 통해서 가슴 호흡을 횡격막 호흡으로 바꾸어서 숨을 길게 할 수도 있고 기를 횡격막 아래 단전까지 끌어내려 쌓을 수도 있다.

여섯 호흡은 차례로 세 짝을 이룬다. 맑음과 흐림은 공기의 청정함의 정도이고 차가움과 더움은 공기의 온도이며 마름과 젖음은 습도이다.

감각

감각은 사람이 의식을 가지고 활동할 때 사용된다. 조용한 곳에서 눈을 감고 몸을 움직이지 않고 있거나 잘 때는 감각기관을 거의 사용하지 않는다. 이러한 감각기관을 겉으로 사용하지 않을 때에도 몸은 신진대사를 계속하며 소화기관 속에서는 살닿음 감각이 활동한다.

여섯 감각은 소리와 색깔, 냄새와 맛, 음욕과 살닿음 등의 세 짝을 이룬다. 소리와 색깔은 진행하는 파를 통해 감지된다. 소리는 공기의 압력 변화가 종파로 진행함이며 귀로 감지되고 색깔은 전자기파인 빛이 횡파로 진행함이고 눈으로 감지된다. 냄새와 맛은 분자들로 감각된다. 냄새는 공기에 포함된 물질의 분자가 코를 통해 감각되고 맛은 음식의 분자가 혀를 통해 감각된다. 음욕과 살닿음은 피부 접촉에 의한 감각이다. 맛은 단맛, 쓴맛, 짠맛, 신맛 등의 네 가지로 분류된다. 살닿음은 온점, 냉점, 압점, 통점 등의 네 감각에 의해 느껴진다.

감정과 호흡과 감각의 삼일

세 참과 세 허망이 떨어질 수 없는 것처럼 세 길도 떨어질 수 없다. 숨을 쉬면서 보거나 들으며 기쁨이나 슬픔을 마음으로 느끼는 것처럼 세 길은 항상 붙어 작용한다. 감각을 금하고 감정을 그친 상태에서는 그것들이 대기하고 있을 뿐 작용을 멈춘 상태는 아니다.

8. 행함

뭇사람들은 착함, 악함, 맑음, 흐림, 후함, 박함을 서로 섞어서 지경과 길을 따라 제 맘대로 달리다가 태어남, 자람, 늙음, 병듦, 죽음의 괴로움에 빠진다.

밝은이는 감정을 그치고 호흡을 고르게 하고 감각을 금하며 한뜻으로 되어가게 행하여 허망에서 돌이켜 참에 나아가 큰 하느님 기틀을 여니 성품에 통하고 공적을 완수함이 이것이다.

衆 善惡淸濁厚薄 相雜 從境途 任走 墮生長肖病歿苦 哲 止感調息禁觸 一意化行 返妄卽眞 發大神機 性通功完 是

이 장은 두 부분으로 나뉘어 뭇사람들과 밝은이의 행함을 묘사한다. 뭇사람들이 허망에 미혹되어 그 결과로 다섯 괴로움에 빠지는 모습과 밝은이가 수행하고 참에 돌이켜 하느님 기틀을 여는 모습이 대조적으로 서술되어 있다.

'착함, 악함, 맑음, 흐림, 후함, 박함'은 마음과 기와 몸의 세 허망의 작용이다.

지경과 길은 감정과 호흡과 감각과 세 길의 양상인 18 지경이다.

고통의 고(苦)의 한자는 '풀이 오래됨'이어서 시들어가는 고생스러운 상태이다.

지감(止感)은 감정을 그침이고 조식(調息)은 호흡을 고르게 함이며 금촉(禁觸)은 감각을 금함이다.

화행(化行)은 '되어가게 행함'으로 성품에 따라 생활하면서 내부 수행을 병행하여 성품을 발현하며 일체화하고자 함이다.

반망(反妄)은 마음과 기와 몸의 허망에서 돌이킴이다.

즉진(卽眞)은 세 참으로 나아감이다.

뭇사람의 생활

뭇사람들은 세 허망인 마음과 기와 몸을 중요시하여 착함, 악함, 맑음, 흐림, 후함, 박함을 서로 섞어서 산다. 세상을 살면서 한번 잘하고 한번 못하고, 한번 얻고 한번 잃고.. 하는 모습이다. 길과 지경은 우리에게 외부와 접하면서 호기심도 충족시켜주고 보는 즐거움이나 듣는 즐거움 등 여러 가지 만족감을 준다. 그래서 뭇사람들은 감각적 쾌락을 탐닉하거나 혹은 사랑하거나 혹은 기뻐하거나, 혹은 성내거나, 혹은 탐욕을 부리거나 하면서 지경과 길을 따라 제 맘대로 달리며 산다. 화행 없이 사는 삶은 이렇게 끊임없이 잘함과 못함이 뒤섞인 허망을 쫓아다니는 것이다. 몸은 외부 영양을 섭취하면서 숨을 쉬고 마음을 쓰며 물질의 인과율에 따라 움직일 뿐 주관이 없다. 당구공이 그저 물리법칙에 의해 이리 튕기고 저리 튕기고 이리 왔다 저리 갔다 하는 것과 같다. 길과 지경에도 참이 없는 것은 아니지만 허망과 뒤섞여 있으므로 뭇사람들이 제 맘대로 길과 지경으로 달리면 어둠 속에서 길을 잃고 달리는 것과 같다. 그래서 사람은 태어남, 자람, 늙음, 병듦, 죽음의 다섯 가지 고통 속에서 산다. 다섯 괴로움 중에 태어남과 자람은 한편으로는 기쁜 일이지만 우리는 영문도 모르고 태어나며 자라는 동안에도 어리석음으로 인하여 갖가지 고통을 받는다. 다님, 날음, 변태함, 헤엄침, 심음 등의 다섯 종류의 중생들은 서로 상생상극하면서 다섯 괴로움 속에서 길을 잃고 헤맨다. 상생상극하며 발전이 없는 금목수화토 오행도 다섯의 수와 관계되어 있다.

밝은이의 화행

화행(化行)은 세 참에 돌이키며 되어 가게 행하여 허망과 다섯 괴로움에서 빠져나오게 한다. 되어감[化]은 하느님이 조교치화할 때 되게 함[化]과 같은 의미이다. 하느님은 되어가게 하고 사람은 되어간다.

화행의 방법에는 직간접의 두 가지 방법이 있다. 간접적 방법은 마음의 자극을 통하여 성품을 발현시키는 방법이다. 마음은 사물들을 보며 반응할 때 성품과 부딪치며 내부의 성품이 발현되고 감정도 동시에 일어난다. 사람은 늘 사물에 접하면서 마음을 움직이며 성품을 깨우치고 사물의 이치를 사색하고 사랑하면서 성품을 깨우치므로 우리는 이 간접적 성품 발현에 익숙하다. 학교에서 사물의 이치를 배움도 이치를 듣고 성품으로 깨우치므로 간접적인 성품 발현의 배움이다. 두 번째로 마음의 움직임을 멈추고 무념무상하며 직접적으로 성품을 깨우치며 발현하는 내부 수행의 방법이 있다.

성품을 돌아보기 위해서 먼저 지감(止感), 조식(調息), 금촉(禁觸)을 하며 일상생활에서는 세 길을 절제하는 생활을 하고 내부 수행할 때는 삼법으로 수행한다. 삼법은 감각 이용을 멈추고 독경을 하는 금촉법(독경), 숨을 고르게 쉬는 조식법과 무념무상하며 하늘성품을 관하는 지감법이며 삼법을 병행하여 수행함이 좋다.[26]

'한 뜻' (一意)은 정신통일해서 다른 생각을 하지 않고 하나의 목표를 정하고 매진하겠다는 일념에서 나온다. 뜻을 강하고 바르게 가짐은 화행에서 매우 중요하다. 한 뜻을 가지면서 허망에서 돌이켜 참에 나아가면 그 뜻은 정성스럽게 되어 성의(誠意)가 된다. 제26일 재목(在目)에 '성의가 눈에 있은즉 가까운 사물은 그 이름을 알지 못하고 먼 사물은 그림 같다' 와 35일 방운(放運)에 '성의를 냄에 쉬지 않으면 깜깜한 밤에도 밝은 달이 생기며' 와 같이 사람이 성의를 가짐을 쉬지 않으면 뜻하는 일을 이룰 수 있다.

'허망에서 돌이킴' (返妄)은 자기의 죄와 과오를 먼저 뉘우치고 앞으로는 허망을 따르지 않음이다. 사람이 발전하기 위해서는 금기 사항을 먼저 안 해야 한다. 허망한 것을 빨리 잊고 참에 돌이켜야 공부에 방해물이 없어지

---

26) 윤세복,「삼법회통」,『대종교경전』, 앞 책, 803쪽.

고 진전이 있다.

 뭇사람들과 밝은이는 다른 것이 아니라 동일한 것 즉 길과 참과 허망을 어떻게 선택하느냐에 따라 달라진다. 뭇사람들은 길과 지경에 휘둘리고 온갖 허망이 섞여 있는 생명들이고 밝은이는 참에 돌이켜 허망의 주인이 되고 길과 지경을 다스리는 사람이다. 그러므로 뭇사람과 밝은이가 가진 것은 동일하나 선택의 차이가 있으니 그 둘의 차이는 백지장이라 할 수 있다. 뭇사람도 마음 한번 잘 먹고 참에 돌이키면 밝은이의 길로 들어선다.

 참에 돌이켜 화행하면 보전과 앎과 통함을 고루 갖추게 되므로 건강한 육체와 건강한 마음과 영혼, 맑은 기를 저절로 지니게 된다. 영혼의 구원만을 위해 육체를 학대하거나 망치는 일이 없다.

 '큰 하느님 기틀을 여니'(發大神機)는 밝은이가 정기를 보전하고 명을 알고 성품에 통하여 큰 하느님 기틀을 내며 활동함이다. 명을 알고 성품에 통한 밝은이가 보전된 정기를 가진 몸으로 주어진 명대로 직분을 다하며 공적을 완수함이 성통공완(性通功完)이다. 관심술이나 예지능력이나 천리안 등과 같은 신통 능력을 발현할 수도 있다. 이러한 신통 능력은 성품에 내재된 잠재력이 발현된 것이다. 이는 한 분야를 전공해서 전문가가 되는 것과 마찬가지이다. 한 분야를 공부해서 이치를 깨우치고 통함도 성품에 내재한 잠재력을 발휘한 것이다. 이러한 신통능력은 부수적인 것이므로 이를 얻기 위해 노력하면 안 된다. 오직 성품에 통하여 마음을 비우고 천지와 일체화하도록 화행해야 한다. 깨달음은 한순간에 올 수도 있고 자기도 모르는 사이에 점진적으로 올 수도 있다.

 성품에 통하면 마음에 원하는 바가 없기 때문에 하느님이 나에게 주는 명이 무엇이든, 그것이 쉽든 어렵든 명을 알아 행한다. 또한, 몸을 함부로 쓰지 않으므로 정기를 보전한다.

 학교 공부도 일정기간의 제한이 있듯이 수행도 전념할 경우에는 몇 년 이내로 기간을 정해 놓음이 좋다. 성품에 통하지 못한다 해도 수행하면 마음 비움의 즐거움을 알게 되고 기혈 순환이 좋아져서 몸과 마음과 기가 안정되고 건강해진다. 이치 깨우침에도 재능이 있는 것처럼 내부 수행에도 자질이 달라서 어떤 사람은 평생 해도 진전이 느리고 어떤 사람은 몇 마디 듣고도 깨닫는 사람이 있다. 평생 내부 수행만 하면 자칫 아집에 빠질 수도 있고 사물들의 이치를 터득할 기회를 잃는다.

영혼 불멸

기는 언젠가는 흩어져 육체가 죽는다. 그렇지만 우리가 하느님으로부터 받은 참 명은 순수하게 맑기 때문에 참 수명은 영원하며 영혼은 불멸한다. 몸이 죽어도 단지 영혼의 집이 없어진 것일 뿐 영혼의 생사와는 관련이 없다. '성통공완한 이들만이 조회하고 영원한 쾌락을 얻는다' 구절은 사람의 영혼이 영원불멸함을 가르친다. 성통공완한 사람도 사람이고 사람이 수행하여 하느님을 뵙고 영원히 살기 때문에 모든 사람의 영혼은 비록 하느님을 뵐 수는 없어도 사후 세계에 존재함을 알 수 있다. 뭇사람들이 겪는 태어남, 자람, 늙음, 병, 죽음 (生長肖病歿) 의 다섯 괴로움 속에 태어남과 죽음이 포함되어 있음은 영혼이 불멸함을 함축한다. 영혼이 없다면 태어날 때는 고통을 느끼지 못하므로 고통 속에 태어남은 포함될 필요가 없을 것이다. 태어남은 오히려 경사이어서 부모와 주위 사람들이 기뻐한다. 생사가 고통에 포함되는 이유는 영혼이 생사를 반복하면서 허망에 미혹되며 고통스럽게 살기 때문이다.

제90일은 '영혼을 빨리 달려 지아비 영혼을 따르기를 원한다' 라고 해서 육체와는 독립적으로 영혼이 사후에도 존재함을 알린다. 제306일 영보[盈]에 '다한 악은 아홉에 차서 당시 세상에 악하고 극한 악은 열에 차서 또한 앞 세상부터 악한 것이다' 의 구절은 앞 세상 즉 전생이 있음을 말한다. 제 323, 324, 327 일들에 쓰여진 '큰 덕을 타고나', '후덕을 타고나', '좋은 가문에서 태어나' 등의 구절들도 전생의 지은 복으로 덕을 가지고 태어나거나 좋은 환경에서 태어남을 말한다. 이렇듯이 사람의 영혼은 윤회하면서 환경이 다른 세상에 태어난다. 자기가 착함을 많이 행했으면 죽어서 더 좋은 세상에 태어날 것이며 같은 세상에 태어나더라도 더 좋은 환경에서 태어날 것이다. 성통공완하면 이러한 윤회가 끝나고 하느님을 뵙게 된다.

물체들은 질량에너지 보존과 운동량보존 법칙 등 물리법칙의 인과율을 따른다. 당구에서 한 공이 다른 공을 치면 그 운동량이 보존되므로 당구공들의 움직임을 예측하며 게임을 한다. 개개의 물체들이 인과율을 따르는 것처럼 개개의 영혼들도 인과율에 따르는 것이 하늘이치이다. 무작위로 어떤 사람은 좋은 집안에서 태어나고 어떤 사람은 불우한 집에서 태어난다면 영혼은 인과관계가 없이 생멸하는 것이다. 영혼이 불멸하여 전생과 이생에서의 행함에 대한 화복보응의 이치에 따라 이생과 미래의 명이 결정되어야 인과율에 맞게 된다. 하느님의 계획에 따라 불우하게 태어나 고초를 겪다가 나중에 큰 영화를 볼 수도 있고 귀하게 태어나 나중에 빈한하게 될 수도 있는 등 여러 가지 다양한 인생의 모습이 있어도 그 모습은 화복보응의 이치에 따라서 결정된다.

윤리 도덕

윤리와 도덕은 남을 해치지 않는 착하고 사랑하는 마음에서 비롯된다. 하늘집에 착함의 섬돌들과 덕의 문들이 있음은 사람이 도덕적인 생활을 해야 함을 의미한다. 일상생활에서 착하게 행해야 잡념이 적어져서 윤리 도덕을 지킴은 내부 수행에도 필수적이다. 악을 행하면 마음에는 잡념이 많아지고 수행의 목적인 일체화를 거스르기 때문에 수행에 진전이 없고 오히려 퇴보한다. 영혼이 성품대로 행하면 착한 것이고 자연스럽게 윤리 도덕을 지키게 된다. 하느님을 신앙함은 그 자체로 하늘집에 올라 하느님을 뵙는 것이 아니며 그 집으로 향하여 출발하는 것이다. 하느님을 공경하고 윤리 도덕을 지키면서 자기 명대로 직분을 다해야 하느님께 가까이 간다.

긍정

만물은 하느님이 조화해서 존재하므로 모두 아름답고 자기 역할을 가진다. 또한 하느님께서 착한 성품을 우리에게 내려주어서 우리는 긍정적으로 산다. 마음이 악하다면 상대방을 부정하고 해를 끼치지만 우리 근본 성품이 착하여 우리는 악보다 먼저 착함을 생각하며 긍정적으로 산다. 세상이 얼마나 긍정적인가를 알아보는 방법의 하나는 내 마음을 비워보는 것이다. 주말에 세상일을 잠시 쉬고 야외에 나가서 강변이나 숲속을 걷거나 산에 올라가 보면 세상이 아름답게 보임을 알 수 있다. 마음을 비우면 성품대로 세상을 보게 되어 세상이 내게 긍정적으로 다가온다.

삼일신고는 특별하게 마지막을 시(是)로 마친다. 시는 '성통공완이 이것이다' 라고 하는 의미이고, 그보다 넓게 '경전 전체 삼일신고 이것' 이다 라는 의미로도 볼 수가 있고, 또 '삼일신고가 옳다' 라는 의미로도 생각할 수 있다. 시(是)는 '이다' 의 의미이고 부정하는 '아니다' 의 반대이어서 긍정의 의미가 있다. 시(是)는 이것이고, 옳기도 하고 또한 긍정적이기도 한 의미를 가져서 삼일신고가 진리의 말씀임을 강조하면서 긍정함을 알 수 있다.

경전의 가르침처럼 세상이 원래 긍정적이지만 우리는 의식적으로 성품에 돌이키면서 긍정적인 마음을 가지도록 노력해야 한다. 서양 속담에 "밝은 면을 보라"라는 말도 있고 우리 속담에 "말이 씨 된다"라고 했다. "안 될 거야! 안 될 거야!" 하면 안 되는 법이고 "잘 될 거야! 잘 될 거야!" 하면 무언가 이루어진다. 모든 사물을 긍정적인 사고와 긍정적인 시선으로 바라볼 때 거기서 새로움도 발견된다.

처음 사업에 도전하는 사람은 90% 이상 망한다는 것이 통계이다. 그런데 두 번째 사업에 도전하는 사람은 십중팔구는 성공한다고 한다. 여기에는 숨겨진 비밀이 있다. 두 번째 도전에서 성공률이 크게 높아지는 이유는 바로 첫 번째 실패한 사람의 80%는 두 번째 사업에 도전하지 않기 때문이다. 도저히 다시 사업을 일으킬 여건이 안 되거나 여력이 없어서 못 할 수도 있고, 의욕을 잃고 포기하는 사람도 있다. 실패자의 나머지 20%는 자기가 사업에 실패한 이유를 알고서 충분히 대비한 후 자신을 믿고 긍정적으로 두 번째 사업에 도전하기 때문에 성공한다. 성공은 긍정에 바탕을 둔다.

나를 버리고 긍정적으로 새롭게 태어나기 위해서는 부정도 필요하다. 회사나 개인이나 과거의 것을 바꾸어 혁신하면서 사회에 적응해야 한다. 자기 나라 것만 보존하기 위해서 쇄국 정치를 하면 나라가 망한다.

고통과 쾌락

허망에 집착하고 지경과 길에 휘둘려 살면 그 삶은 다섯 가지 고통 속에서 헤어나지 못한다. 외부와의 통로인 길과 지경은 우리에게 외부와 접하면서 호기심도 충족시켜주고 여러 가지 만족감을 준다. 예를 들면, 보는 즐거움, 듣는 즐거움, 활동의 즐거움 등 헤아릴 수 없다. 그러나 이러한 만족을 추구해서 일시적인 쾌락에 빠지거나 타락의 길로 접어드는 것은 길과 지경에 제 맘대로 달리는 것이다.

성품을 거슬러 욕심을 부리면 그것을 가지기 위해서 안달하게 되어 고통을 받는다. 또 타인을 경쟁상대로만 생각하며 살면 질 때는 고통, 이길 때는 기쁨을 느끼면서 고통과 기쁨이 교차하는 생활을 하게 된다. 육신의 쾌락에 탐닉하는 것도 일시적으로 기쁨을 주지만 기쁨을 주는 자극이 없어지면 기쁨이나 쾌락도 없어진다. 쾌락은 한계효용의 법칙이 작용해서 같은 종류의 자극에 대해 이전의 쾌락을 얻기 위해서는 더 큰 자극이 필요하여 외부적인 자극은 사람을 끝없이 만족시키며 기쁘게 할 수는 없다. 휴식을 취하기 위해서 오락을 할 수도 있으나 그것을 탐닉하고 노력과 시간을 헛되게 낭비하면 악한 일이 된다.

사람뿐만 아니라 별들도 크고 작음, 밝고 어두움, 고통스럽고 즐거운 모습, 즉 대소명암고락이 있어서 별들의 생존 상태에도 고락 즉 고통과 쾌락이 있다. 별들도 오래되어 빛을 잃으면 시들시들하게 고생하는 것처럼 보이고 이제 막 생겨서 큰 에너지를 가진 별들은 빛나고 즐겁게 보인다. 그러므로 사물들에도 고락이 있다고 봐야 할 것이다. 건물도 이제 새로 지으면 즐거워 보이지만, 오래되어 벽이 갈라지고 비가 새고 하면 고통스런 상태가 된다. 만물의 상태를 이렇게 기쁨과 고통으로 묘사할 수 있다.

밝은이는 수행 시에 일시적인 쾌락을 멈추기 위해서 지감, 조식, 금촉을 하며 일상생활을 할 때도 제 맘대로 달리지 않고 길과 지경이 참을 향하도록 절제한다. 하늘성품을 발현시켜 가며 나와 남의 발전을 다 같이 꾀하면 인생은 상생하고 원원하여 나도 기쁘고 상대방도 기쁘게 되고 홍익인간하게 된다. 성품을 발현시키고자 화행하는 사람은 참에 나아가므로 영혼의 성장이 있고 그 성장 속에 기쁨이 있다. 비록 성통공완에 이르지는 못할지라도 성품에 맞는 생활을 하기 때문에 기쁨을 느낀다. 어린아이들이 선물을 받을 때보다 줄 때 더 기뻐하는 것처럼 사람의 성품은 원래 베풂을 기뻐하고 타인을 사랑하고 타인과 하나 됨을 기뻐한다. 이치를 새롭게 발견할 때도 기쁨이 오고 사람이 배워 발전할 때도 희열을 느낀다. 이처럼 쾌락은 우리가 추구해서 얻는 것이 아니고 성품을 돌아보고 성품대로 살면 쾌락이 따라오고 성통공완하면 하느님을 뵙고 영원한 쾌락을 얻게 된다.

삼일신고 구성과 삼일

삼일신고의 구성

삼일신고는 삼일신의 본체[體]와 작용[用] 및 그 작용의 나타남인 상(相)의 세 부분으로 나뉜다. 하느님의 모습을 볼 수 없으므로 사람은 하느님이 창조하고 성품을 준 만물에서 하느님의 나타나는 모습을 간접적으로 볼 수 있다. 첫 번째 부분은 허허공공하여 어디에나 존재하고 무엇이나 다 포용하는 하늘이 하느님의 본체가 됨을 설명한다. 두 번째 부분은 3개의 장으로 나뉘어 차례로 하느님의 조화, 교화, 치화의 작용에 관해 설명한다. 세 번째 부분은 하느님의 작용의 나타남으로 만물의 구조와 사람의 행함에 대한 가르침이며 4개의 장으로 나뉜다. 차례로 하느님이 만물에 준 참, 중생들이 땅에 미혹되어 가지는 허망, 참과 허망이 맞서 짓는 길, 끝으로 사람의 행함에 대한 내용이다 :

I. 하느님의 본체
  1. 하늘
II. 하느님의 작용
  2. 조화
  3. 교화
  4. 치화
III. 하느님의 작용의 나타남
  5. 참

6. 허망
7. 길
8. 행함

참전계경의 구성
참전계경은 형식상으로는 8개 장으로 나뉘어 있으나 그 내용은 다음과 같이 크게 세 부분으로 구성되어 있다:

Ⅰ. 자기 자신에 대해 하는 일:
  1. 정성: 스스로 정성을 기르는 일
Ⅱ. 남과 사회에 대해 하는 일
  2. 신의: 사회가 하나로 되게 하는 조화의 일
  3. 사랑: 어렵고 어린 사람들을 돕고 교육시키는 교화의 일
  4. 구제: 생활이나 산업 활동에서 도덕으로 하는 치화의 일
Ⅲ. 자기와 사회의 상호작용에 대한 일
  5. 앙화, 6. 복: 화복의 원인인 마음과 행동
  7. 갚음: 화복의 크기가 헤아려짐
  8. 응답: 화복이 사회적 부귀로 드러남

삼일신고와 참전계경의 구성 비교
삼일신고가 삼일신에 대한 설명이고 참전계경은 사람의 일에 대한 경전이므로 두 경전의 주체가 다르다. 그러면서도 내용은 크게 셋으로 나뉘고 형식은 8개 장으로 나뉜다는 점에서 그 구성 방식이 똑같다. 각 부분의 내용은 다음과 같이 비교된다.

삼일신고의 첫째 장은 하느님이 만물에 작용하지 않는 본체의 모습인 하늘에 대한 설명이다. 참전계경의 첫째 장 정성도 사람이 남이나 사회에 작용하지 않고 혼자서 정성을 기르는 일로 스스로에게 하는 일이다. 그러므

로 정성 장에는 하느님과 신령과 어버이 이외에 남[人]이란 낱말은 보이지 않는다. 마찬가지 이유로 어짊[仁]이나 착함[善]이란 낱말들도 정성 장에는 보이지 않는다. 착함은 어짊과 함께 남이나 물건 등의 자기 이외의 대상에 대해 하는 일들이므로 스스로에 대해 하는 일인 정성 장에는 해당하지 않는다. 하느님을 공경하고 어버이에게 효도하는 일은 인자하다거나 착하다고 하기 이전에 사람이라면 당연히 정성껏 해야 한다. 또한 정성은 하늘성품을 따라 자기의 속마음을 다하는 것이기 때문에 선악으로 나누어지지 않는다. 하늘성품은 마음의 입장에서는 순수하게 착하고 선악의 구별이 없다고 한 삼일신고의 가르침과 상통한다.

삼일신고 제2장에서 4장까지의 둘째 부분은 삼일신의 조화, 교화, 치화의 작용에 대한 가르침이고 참전계경의 2장에서 4장까지의 둘째 부분은 사람이 남과 사회에 대해 하는 조화, 교화, 치화의 일들이다. 그러므로 삼일신의 만물에 대한 조교치화 작용과 참전계경에서의 개개인의 사회에 대한 조교치화 작용은 그 주체와 대상만 다를 뿐 동일한 종류의 작용이다.

삼일신고의 제5장에서 8장까지는 삼일신의 상(相)인 만물과 사람에 관한 내용이고 참전계경의 앙화, 복, 갚음, 응답의 제5장에서 8장까지는 사람의 행위와 그 행위로 인하여 사회에 나타나는 사람의 사회적 위치이므로 사회에서의 모습 즉 상(相)이다. 삼일신고는 내부적인 원리를 설명하고 참전계경은 외부 사회적인 면을 설명한다.

제5장과 6장에서 삼일신고는 참과 허망의 순서로 밝은이는 참에 돌이키고 중생들은 허망에 미혹되어 악을 짓는다고 하고, 참전계경은 앙화와 복의 순서로 중생들은 물욕에 어두워 앙화를 받는 악을 짓고 밝은이는 성품을 돌아보아 착함을 행한다고 한다. 두 경전에서 참과 허망의 순서가 바뀐 이유는 삼일신고는 삼신 하느님에 대한 가르침을 위주로 하므로 하느님이 생명들에게 참을 주는 것을 먼저 가르치며 참전계경은 사람이 허망을 돌이켜서 참으로 나아가기를 가르치므로 앙화에 대한 경계를 먼저 가르치기 때문이다.

제7장에서 삼일신고는 세 참과 세 허망이 맞서 만드는 세 길과 18 지경을

가르치고 참전계경은 착함과 악함의 정도를 등급별로 헤아린다. 길과 지경은 사람이 참과 허망을 선택함에 대한 결과로 일어나는 사람의 내부적 평가이다. 참전계경의 갚음은 행위의 결과가 외부 사회에서 평가됨이다.

8장에서 삼일신고는 행위의 결과를 '다섯 고통'이나 '큰 하느님 기틀을 보인다' 등과 같이 개인적인 것으로 묘사하며 참전계경은 행함의 결과를 사회적 위치로 묘사한다.

〈삼일신고와 참전계경의 구성의 원각방〉

원각방

두 경전의 구성을 본체[體], 작용[用], 상(相)의 원각방(圓角方)으로 그릴 수 있

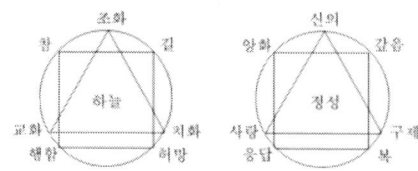

다. 삼일신고에서 하늘은 둥근 원이 되고 조화, 교화, 치화의 세 작용은 세모인 각을 이루며 생명체의 참, 허망, 길, 행함은 네모인 방을 이룬다. 참전계경에서 정성은 둥근 원이 되고 신의, 사랑, 구제는 세모인 각을 이루며 앙화, 복, 갚음, 응답은 네모인 방을 이룬다.

삼일신고의 삼일들

구별되는 둘이 일체화하려면 그 사이에서 일체화의 상호작용이 있어야 하고 그 작용은 매개자를 통해 이루어지므로 양쪽과 매개자가 셋으로 하나 되는 삼일을 이룬다.

하느님은 조화, 교화, 치화의 세 작용을 하여 몸은 하나이되 작용은 셋이다. 조화는 하느님이 물질과 성품을 개체들에 주며 창조하여 다양성으로 발산하는 작용을 한다. 교화는 생명들이 성품에 통하여 하느님에게 돌아오도록 수렴하는 작용을 한다. 치화는 조화롭게 어우러지게 하는 공존의 작용을 한다. 조화는 행위자가 중심이 되어 만들어 되게 한다. 교화는 대상을 위하여 대상의 눈높이에 맞춰 가르쳐 되게 한다. 치화는 서로 조화롭게 공존하도록 다스려 되게 한다.

하느님과 만물은 참을 통하여 일체화한다. 하느님은 참을 만물에 주고 만물은 참을 통하여 하느님과 하나가 될 수 있다.

신령은 육신이 없이 하느님과 영혼 사이에서 매개 역할을 하여 하느님과 신령과 영혼은 셋으로 하나가 되어 일체화한다.

그 자신이 셋으로 하나 되는 삼일신은 본체는 하나이고 작용은 셋이라는 삼일 원리를 제 일의 원리로 하여 만물을 창조하므로 만물은 삼일 원리를 기반으로 구성된다. 그래서 삼일신고에는 삼일들이 많다.

삼일들이 10 종류가 있으며 3×2 의 구조를 갖는 여섯들은 다음과 같이 6종류가 있다. 여섯들은 각각 3으로 나뉘고 감각을 제외한 각 셋들은 그 크기의 정도를 나타내는 음양의 둘로 나뉜다:

〈삼일신고의 삼일들〉

삼일신	조화신	교화신	치화신
세 대상	만물	영혼	군집
세 능력	덕	지혜	힘
삼무(三無)	무형질	무단예	무상하사방
세 참	성품	명	정기
세 허망	마음	기	몸
세 길	감정	호흡	감각
세 밝은이	위밝은이	가운데밝은이	아래밝은이
세 깨달음	통함	앎	보전
삼법	지감	조식	금촉

〈삼일신고의 3×2의 구조를 갖는 삼일들〉

여섯 상태	큼과 작음	밝음과 어두움	괴로움과 즐거움
여섯 갈림	착함과 악함	맑음과 흐림	후함과 박함
여섯 응보	복과 앙화	깊과 짧음	귀함과 천함
여섯 감정	기쁨과 두려움	슬픔과 성냄	탐함과 싫음
여섯 호흡	맑음과 흐림	차가움과 더움	마름과 젖음
여섯 감각	소리와 색깔	냄새와 맛	음욕과 살닿음

삼일들 중 생명들이 갖는 참과 허망과 길을 그림으로 그려 보면 다음과 같다:

사람이 하느님으로부터 세 참을 받고 하늘 속에서 살며 땅에 미혹되어 세 허망이 생기고 참과 허망이 부딪혀 세 길이 생긴다. 세 참과 세 허망, 세 길은 각각 삼일을 이루고 마음이 작용할 때는 성품과 감정도 작용하므로 인간이 활동하면 9요소들이 모두 활성화되어 작용한다.

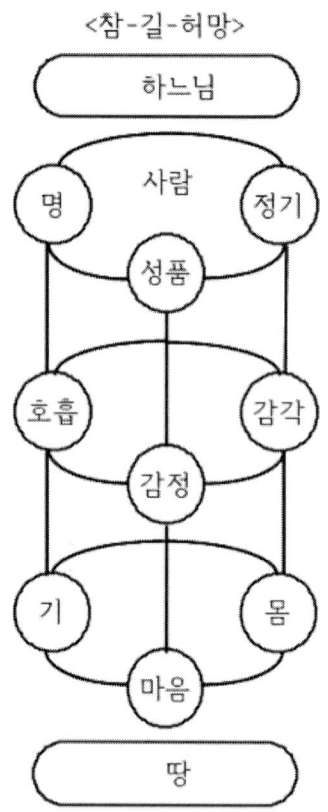

하느님과 사람의 조응

참을 통한 조응

삼일신고는 참[眞]을 통하여 하느님과 사람이 조응하며 일체화함을 가르친다. 하느님이 사람에게 자신의 성품과 명과 정기의 세 참을 옹글게 주므로 하느님과 사람은 일체화의 근본이 같다:

사람과 생물이 다 같이 받는 세 참은 성품과 명과 정기이다. (人物同受三眞 曰 性命精)

…

참에 돌이키면 하느님과 하나가 된다. (返眞一神)

하느님과 사람이 참을 공통으로 가지면서 하느님은 사람을 조교치화하며 가까이 오라고 이끌고 사람은 세 참을 돌이키면서 하느님과 하나가 된다. 그러므로 하느님과 사람은 참을 통하여 서로 조응하며 일체화한다. 세 참은 강의 양쪽을 연결하는 다리와도 같고 매개자와 같이 하느님과 사람을 연결한다. 하느님이 저 멀리 하늘에만 있는 것이 아니라 지극히 가까이 내 뇌에 성품으로도 내려와 계셔서 안과 밖의 소통이 가능하다. 안과 밖이 다르다면 서로 이해가 안 되고 맞장구를 칠 수가 없다. 다른 만물도 하느님의 성품을 받으므로 성품을 통하여 사람은 만물과도 조응할 수 있다. 자연뿐만 아니라 일상에서 남들을 보고 또 남들과 대화하면서 내 모습을 알아가므로 사람들끼리도 조응하면서 생활한다. 내가 이야기할 때 상대방이 맞장구를 치고 공감해주어야지 같이 어울리고 일할 때도 같이 잘 할 수 있다. 사람들이 서로 비춰주고 서로 협동하는 것은 '백지장도 맞들면 가볍다'라고 하는 정도가 아니라 서로 사랑하고 협동하지 않으면 아예 백지장을 만들어내지도 못한다. 나무를 자르고 그것을 가지고 분쇄하고 펄프로 만들고 최종으로 종이까지 만들어내려면 혼자서는 못한다. 서로 비추면서 협동해서 해야 무슨 일이든지 할 수 있다.

자식이 어버이의 자식이 될 수 있는 이유는 어버이의 피를 이어받고 그 성품이 가깝기 때문이다. 사람은 하느님으로부터 몸과 성품을 받으므로 피조물이면서 하느님의 자식이 된다:

자기 본성에서 (하느님의) 씨앗을 찾아보라. 언제나 너희 머릿속에 내려와 계신다. (自性求子 降在爾腦)

씨앗[子]은 자식의 뜻도 포함한다. 어버이가 자식이 잘되고 성장하기를 바라며 자식이 좀 못 된 길로 빠져도 어버이는 돌아오기를 기다리고 뉘우치면 용서한다. 이처럼 하느님도 어버이이므로 우리를 사랑하고 용서하며 우리가 참에 돌이켜 당신과 하나 되기를 바란다.

사람이 참에 돌이켜서 성통공완하면 하느님의 자식으로서 하느님을 뵐 수가 있다. 원래 어버이와 자식의 관계로 친밀하므로 하느님을 뵐 수가 있는데도 우리가 허망에 미혹되어서 하느님을 뵙지 못한다.

한 하느님이 원만하게 계시며 뭇 신령과 여러 밝은이가 모시고 (一神攸居 羣靈諸哲護侍)
...
성통공완한 사람은 (하느님을) 뵙고 영원한 쾌락을 얻는다.
(性通功完者 朝 永得快樂)

'성통공완하면 하느님을 뵙고 영원한 쾌락을 얻는다'라는 말은 신하가

왕을 뵙는 것 같지만 자식의 입장에서 뵙고 하느님과 함께 영원히 쾌락을 누린다는 말로도 해석이 된다. 여러 신령과 밝은이들이 하느님을 모시고[護侍] 또 뵙는대[朝]는 말은 성통공완한 이들뿐만 아니라 만물은 의당 하느님을 공경해야 함을 의미한다. 사람이 하느님을 공경하고 화행하면서 성품에 통하고 하느님의 명에 따라 공적을 완성하여 하느님을 뵙는 것이므로 사람은 의당 하느님을 공경해야 한다. 사람은 세 참을 통해서 만물과 일체화하면서 우리 지경을 넓히고 하느님과 닮아간다. 세 참을 통해서 사람이 하느님과 조응한다고 해서 하느님과 사람이 대등한 입장은 절대 아니다. 하느님은 크고 밝게 빛나는 태양도 지었고 태양의 주위를 도는 지구에 기를 불어넣어 생명을 번식하게 하였다. 사람은 태양 빛을 받고 살아가는 작은 존재로 그 목숨은 하느님께 달려있으니 의당 하느님을 공경해야 한다. 하느님을 공경하면서 화행을 하면 성품을 발현하여 잠재된 큰 능력을 발휘할 수 있다:

한뜻으로 화행하여 허망에서 돌이켜 참에 나아가면 큰 하느님 기틀을 여니 성통공완이 이것이다. (返妄卽眞 發大神機 性通功完 是)

큰 하느님 기틀을 낸다는 말은 내 안에 하느님의 씨앗이 있으므로 성통공완하면 그것을 깨우쳐 발현할 수가 있다는 말이다. 사람 속에 하느님의 기틀이 있어서 그 기틀을 발현할 수 있는 잠재력을 가진다. 화행하여 하늘 성품에 통하고 그 성품대로 행하면 그 잠재력을 발현하여 하느님과 천지와 일체화한다.

사람은 성품에 통하는 만큼 하나로 여기는 덕이 커지고 명을 아는 만큼 지혜가 밝아지며 정기를 보전하는 만큼 힘이 세어진다. 즉, 사람이 하느님이 준 성품과 명과 정기의 세 참에 돌이키면 점차 하느님과 가까워져 하나가 되어가므로 덕과 지혜와 힘이 커지게 된다. 즉, 사람이 하느님이 준 성품과 명과 정기의 세 참에 돌이키며 조응하면 점차 하느님과 가까워져 하나가 되어가므로 하느님이 가진 세 능력인 덕과 지혜와 힘을 가지게 된다.

  삼일신 하느님은 뭇생명들과 동행한다. '있지 않음이 없으며 포용하지 않음이 없다'라는 하느님의 본체인 하늘은 내 안에도 있고 밖에도 있어서 사람은 이미 하느님과 함께한다. '자기 성품에서 씨앗을 찾아라, 언제나 너희 머릿골 속에 내려와 있다.'라고 해서 하느님이 성품을 우리 머릿골 속에 내려주셔서 우리는 피조물이면서 하느님의 성품을 닮은 아들딸이 된다. 아들딸보다 더 하느님과 가까울 수는 없다. 또한 사람이 성품을 돌아보아 성품에 통하면 하느님을 뵐 수 있고 하느님이 기를 불어 밑까지 싸고 해의 빛과 열을 쪼여서 생명들이 번식하게 한다. 하느님은 사람에게 성품과 명과 정기의 세 참을 주고 사람이 참에 돌이켜 하느님과 하나가 되고 화행하여 성통공완하면 큰 하느님 기틀을 연다. 하느님은 항상 우리를 조교치화하면서 우리와 동행하고 우리를 이끌어준다.

  사람도 이에 조응하여 하늘나라에 있음을 항상 잊지 말고 허망에서 돌이켜 참으로 나아가서 하느님과 하나 되고자 해야 한다. 그리고 하느님이 조교치화하는 것처럼 우리도 사회를 조교치화하며 일체화해야 한다.

공경과 감응

하느님 공경과 응답

하느님 공경

하느님을 어떻게 대해야 하는가는 시대가 변천하면서 조금씩 변한다. 요즈음에는 사람들이 하느님을 가까이 생각하여 부모같이 대하고 좋은 친구같이 대하면서 스스럼없이 자기의 고민을 해결해달라고 원하거나 즐거운 일을 얘기하기도 한다. 부모같이 생각하고 친구같이 생각함은 성품에 맞으므로 그렇게 하느님을 편하게 생각하고 즐거운 일을 고하고 어려움을 해결해 달라고 기원함은 아무런 흠이 없다. 그런 사이에 마음이 가벼워지고 고민을 덜 수 있으며 지극하게 빌면 원하는 일이 성취될 수도 있다.

그렇지만 시대가 변해도 사람이 하느님을 공경해야 함이 하느님을 대하는 첫 번째 자세이다. 하느님이 부모 같기도 하고 좋은 친구 같기도 하여도 하느님은 그 이상의 존재이다. 하느님은 우리를 낳고 기르며 우리가 살 수 있게 하는 거룩하고 자애로운 하느님이므로 우리는 하느님을 믿고 공경해야 한다. 사람이 기쁨에 취하면 하느님을 잊을 수가 있고 생활하기 어려우면 하느님을 원망하기가 쉽다. 또는, 곤란을 당할 때는 하느님을 찾다가 그것이 해결되면 하느님의 은덕을 잊고 스스로 제 덕인 줄 아는 경우도 많다. 이는 하느님 공경이 모자라는 것이다. 어려운 일을 당하거나 즐거운 일이 있어도 항상 하느님을 믿고 공경해야 한다. 제2일은 하느님은 전지전능하

며 하느님을 공경하면 하느님도 응답함에 대해 설명한다:

제2일 하느님 공경 [敬神]
경(敬)은 지극한 마음을 다함이며 신(神)은 하느님이다. 해 달 별들과 바람 비 벼락 천둥, 이들은 모습 있는 하늘이요, 보지 않는 사물이 없으며 듣지 않는 소리가 없는 이는 모습 없는 하늘이다. 모습 없는 하늘을 하늘의 하늘이라 이르며 하늘의 하늘이 곧 하느님이다. 사람이 하늘을 공경하지 않으면 하늘도 사람에 응답하지 않으니 풀과 나무들이 비 이슬 서리 눈을 받지 못함과 같다.

마음속에서부터 우러나는 공경을 할 때는 지극한 마음을 다하게 되며 마음이 경건하면 마음이 순수해지고 지극함을 다하게 된다. 사람이 언제나 하느님 앞에 서 있음을 잊지 않고 지극한 마음을 다해 하느님을 공경하면 마음은 언제나 경건하며 남을 대할 때나 세상일을 할 때도 지극한 마음을 다한다.

하늘과 하늘에 떠 있는 해, 달, 별들과 하늘의 기상현상인 바람, 비, 벼락, 천둥을 보고 거대한 힘을 느끼며 하늘이라 우러른다. 과학이 발달하여 기상현상이나 천체 운행을 어느 정도 파악하고 예측하고 있지만 사람은 자연 변화가 언제 또 어디서 얼마나 크게 일어날지는 모른다. 요즈음에도 인류는 기후 변동에 맞춰 살아가야 하며 지진이나 해일, 화산 폭발 등에 의해 종종 큰 천재지변을 당한다. 이렇게 보이는 하늘이 거대하여도 보이는 하늘은 단지 물리적으로 움직이는 물질적인 하늘로 아무런 의지나 정신이 깃들어 있지 않다.

이 거대한 하늘을 운행시키는 하느님이 하늘의 하늘(天之天)인 하느님이다. 참전계경은 풀과 나무들, 천체들인 해, 달, 별들과 기상현상인 바람, 벼락, 비, 이슬, 서리, 눈 등과 같은 자연의 모습을 통하여 이를 움직이는 하느님의 존재를 설명한다. 우리는 하느님의 되게 함을 모습 있는 하늘과 자연을 통해서 찾을 수 있고 하늘 안에서 살고 있는 사람 자신의 성품과 몸에서도 찾을 수 있다. 다 하느님이 준 것이기 때문이다.

하느님은 다 보고 들음

하느님은 보지 않는 사물이 없으며 듣지 않는 소리가 없는 전지전능의 능력을 지니고 모든 것을 굽어보고 다스린다. 가까이 있지 않으면 다 보고 다 들을 수가 없으므로 하느님은 항상 우리 앞에 또 옆에 계신다. 하느님은 사람이 남몰래 혼자 하는 행동도 알뿐 아니라 사람의 생각도 다 안다. 우리가 무슨 행동을 할 때 수만 가지 생각을 하면서 결정을 한다. 자기 자신이 이러한 생각의 과정을 환히 알듯이 하느님도 우리 몸이 투명한 듯이 다 보고 안다. 사람들 사이에서는 마음을 마음에 숨기고 안 그런 척 할 수 있지만 하느님 앞에서는 그럴 수가 없다. 제187일 신독(信獨)은 다음과 같다.

> 혼자 스스로 속이며 비록 아는 이가 없다고 하지만 영혼이 이미 마음에 고하고 마음이 이미 하늘에 고하며 …

여기서의 하늘은 하느님이다. 하느님이 항상 우리를 감독하고 있어 우리에게 자유가 없다고 생각하며 싫어하는 사람도 있겠지만 우리가 하느님을 좋아한다면 하느님 앞에 있음보다 더한 기쁨이 없을 것이다. 하느님은 내가 방황할 때 의지처가 되고 나를 인도하여 영혼을 성장시키기 때문이다.

'하늘(天)'은 육안으로 보이는 하늘이나 하늘의 하늘과 같이 하느님의 의미로도 사용된다. 삼국사기에 하느님을 하늘[天]로 표현한 예들이 있다:

> 그 후 국상 아란불이 말하기를 일전에 하느님이 강림하여 내게 말하기를(天降我曰) '장차 나의 자손으로 하여금 이곳에 나라를 세우게 할 것이니 너희는 피하라.…' …거기에는 어디에서 왔는지는 모르나 자칭 천제의 아들 해모수라 하고 와 도읍하였다.(고구려본기 제1 시조 동명성왕)

꿈에 하느님이 말하기를 (夢天謂曰) … (고구려본기 제4 산상왕 7년)

삼국유사나 여러 시에서 쓰이는 상천(上天)이란 말도 글자 그대로 해석하면 윗 하늘이란 뜻이고 하느님의 의미로도 사용된다. 고려 시대 익제가 지은 시에는 하느님을 천공(天公)이라 하여 하늘(天)에 공(公)을 붙여 인격신화하였다. 안당말미[27] 무가(巫歌)에도 천(天)에 님을 붙여 천을 인격신화한 경우가 보인다:

나라로 나라로 공심은 절이요/ 절이 남서가 본이로소이다/ 천(天)님이 알으소사

하느님을 공경하려면 첫째로 하느님이 계심과 하느님의 작용을 먼저 알아야 하고 그다음 하늘도와 하늘이치를 따라야 하며 세 번째로 하느님께 기도하는 생활을 해야 한다.

하느님의 작용을 알면 응답을 받음

하느님을 공경하려면 하느님이 어떤 분인지를 알아야 한다. 무슨 일이나 미리 알고 이해하고 그래서 사랑하면 저절로 그 일을 하게 된다. 하느님에 대해서도 사람들이 아는 만큼 믿고 하느님에게 예의가 있게 되고 하느님을 공경하게 된다.

사람은 먼저 하느님이 계심을 알고 하느님을 마음속으로도 높이고 행동으로도 받드는 표시를 하여 마음과 행동을 일치시켜 하느님을 공경해야 한다. 마음속으로만 숭배하고 겉으로 표시를 안 하면 그 마음은 오래가지 못한다. 이웃사촌이라고 친척이 가깝기는 하지만 멀리 살고 있으면 점차 가까운 마음이 사라지고 매일 보는 이웃에게 더 마음이 쓰인다. 공경도 행

---

27) 김헌선 역, 『일반무가』, 한국고전문학전집 18, 고대민족문화연구소, 1995, 237쪽.

동으로 나타냄으로써 그 공경이 더욱 깊어진다.

하느님이 우리에게 몸과 성품을 주었으니 사람은 이 은혜를 가장 먼저 알아야 한다. 이 사실을 깨닫지 못하면 근본을 깨닫지 못하고 하느님을 통한 일체화됨을 모르므로 다른 깨달음은 소용이 없다. 하느님의 존재를 알고 공경하면 풀 나무가 비 이슬 서리 눈을 받는 것처럼 하느님도 사람에게 응답하여 사람에게 정기를 내린다. 그 정기는 갓난이에게 젖과 같으며 언 몸에 옷과 같다. 하늘덕[天德]은 가문 땅에 단비, 그늘진 골짜기에 봄볕 같아서 잠깐 사이라도 진실로 조교치화하는 하늘덕이 있지 않으면 사람은 사람 되지 못하고 사물은 사물 되지 못한다. 이러므로 사람은 하느님의 은혜를 알고 하늘덕을 칭송해야 한다.

하느님을 공경할 때 만약 정성 없이 높이면 귀먹고 눈멀어 들으나 들림이 없고 보나 보임이 없다. 내가 어떤 사람에 관한 관심이 없으면 그 사람이 무슨 말을 해도 잘 알아듣지 못한다. 마찬가지로 하느님 공경에 정성이 없으면 보는 둥 마는 둥 해서 하느님이 우리에게 몸과 성품을 준 것도 모르고 정기를 내리며 하늘덕을 내려서 우리를 살리는지가 보이지도 않고 들리지도 않는다.

아예 하느님의 은덕을 통해 온누리가 하나가 되는 바를 모르는 사람들은 근본 진리를 모르기 때문에 생활방편만 알고 육신만 건사하는 삶을 산다. 물질적으로만 잘 살고 악행을 하면 하느님의 길이 아니므로 하느님의 응답을 받음이 아니다. 진실로 하느님의 응답을 받으면 하늘이치에 따라 점차 영혼이 성장하고 하늘도[天道]의 길을 걸어 하늘집에 한 걸음씩 다가갈 수 있다. 하느님을 모르고 하느님의 작용도 모르면 참된 진리를 모르고 사는 것이어서 나머지 깨닫는 바도 없는 것이고 그러한 인생은 공허한 삶이 된다.

100년 전에 이극로 박사가 독일 유학을 마치고 프랑스와 미국을 들러 귀국했다. 그 당시 프랑스 정부는 각국의 말들을 모으기 위해서 여러 나라 사람들을 불러다가 말을 시키고 축음기로 녹음했다. 초청받아 녹음에 응한 이극로는 한국말로 또렷하게 24개 한글 자음, 모음과 자기의 생각을 간단히 말하여 지금까지도 그 육성이 남아 있다. 그는 '하느님을 공경할 뿐만 아니라 사람도 공경해야 한다. 하늘이 사람 마음속에 들어와 있으니 사람을 공경하는 것이 하늘을 공경하는 것이므로 사람도 공경해야 한다. 그런데 사람을 경시하고 함부로 전쟁을 하면 될 것인가'라고 말하여 하느님과 사람을 공경하는 신앙을 피력했다. 이극로는 한번 결심한 일은 물불을 가리지 않고 결행해서 별명이 물불이다. 마산에서 중학교에 다니다가 '안 되겠다 서울로 가서 배워야겠다'라고 결심하고 서울까지 걸어서 갔다고 한다. 그는 귀국해서 일제강점기에 14년 동안 물불 가리지 않고 우리말 사전을 만들어 해방 후에 출판해서 남북한의 우리말 정립에 지대한 공헌을 했다.[28]

하늘이치와 하늘도를 따라야 함

바른도[正道]는 이치에 맞는 도이고 이치에 맞으므로 사물을 대할 때나 일을 처리할 때 적합하고 바르게 하는 도이다. 화살을 쏠 때 과녁의 정중앙 가운데에 맞추는 것처럼 우리가 일할 때 적합하게 하면 바르게 하는 것이고 가운데 도를 따르는 것이다. 그래서 바른도는 가운데도[중도 中道]가 된다. 많은 사람이 '인생은 나그네길, 어디서 왔다가 어디로 가는가, 구름이 흘러가듯 떠돌다 가는 길'이라는 '하숙생' 노래 가사와 같이 우리가 어디에서 왔고 어디로 가는지도 몰라서 어떻게 살아야 할지를 모르고 그저 하루하루 살아간다. 나그네길은 피곤하고 힘든 길이다. 집 나가서 어디 여행 며칠 갔다 오면 매우 피곤하다. 아무리 좋은 호텔이라도 집보다는 불편하고 갖춰진 것도 집보다는 부족하다. 그런데 인생 자체가 나그네길이면 얼마나 힘든 인생인가. 인생을 모르고 헤매기만 하는 것이다. 나그네길이 아니라 하늘집으로 가는 바른길이 있다. 창도(彰道)의 가르침과 같이 하느님 바른도를 따르면 삿된 마음이 없기 때문에 요괴는 그 모습을 나타낼 수

---

28) 조준희 엮음, 『이극로 전집』, 소명출판, 2019.

없고 사특한 마귀도 그 간사함을 부릴 수 없어서 딴 길로 가지 않는다. 성통공완하면 하느님을 뵙지만, 성통공완 안 해도 하늘길[天道]로 가면 착함의 섬돌들과 덕의 문들이 있는 하늘집에 이를 수 있다.

　하느님을 공경할 때는 정성 들여 공경하는 예를 다해야 한다. 사람사회에서도 자기의 문제를 좌지우지할 수 있는 사람인 갑에게는 극진한 예의를 갖추면서 대우를 한다. 가게 할 때 손님은 왕이라고 하는 것을 보아도 알 수가 있다. 물건을 팔아야 할 때는 온갖 비위를 맞추고 예의를 지키며 감정노동을 열심히 하지만, 물건을 사지 않을 것 같은 손님에게는 건성으로 안내한다. 하느님은 갑이 아니라 우리를 살리는 훨씬 귀한 분이니 지극한 예의를 갖춰야 한다. 제228일은 '예절이란 몸의 팔다리와 같고 방의 문과 같다. 팔다리를 움직이지 않고 몸을 옮긴 사람은 없고 문을 경유하지 않고 방에 도달한 사람은 없다.'라고 하여 남들에게 예의를 갖추라고 한다. 사람이 팔다리를 움직여야 활동할 수가 있는 것처럼 사람이 예의가 있어야 사람 사이에서 활동할 수 있다. 문을 통해 방을 드나들 듯이 예의라는 문을 통해서 사람 마음속으로 드나들어 관계가 이루어진다. 예의를 잘 지키고 상대방을 배려해주면 상대방이 마음문을 열어 망외의 소득을 얻을 수가 있다. 반면에 버릇없이 말하거나 자신의 주장만을 고집하거나 하면서 예의 없이 행동하면 상대방은 마음의 문을 닫아버린다. 그래서 예의가 없으면 마음으로 소통할 수가 없으며 사회활동을 못하게 된다. 사람 대할 때도 예의를 갖춰야 하는데 하물며 하느님 공경할 때는 극진한 예를 다해야 한다. 하느님께 극진한 예로 공경하면 공경하는 마음도 그 깊이를 더 하게 된다.

　하느님에게 지극한 예의를 다해 공경하면서 엄숙하고 경건하게 기를 세워 숙정(肅靜)하면, 목적하는 바에만 정신을 집중하기 때문에 다른 것에 한눈팔지 않으며 물욕이 지어지지 않는다. 누가 기를 세우고 있으면 주위에 있는 사람이 얼씬하지 못하고 조심하게 된다. 밤낮을 가리지 않고 기도 수행하면 주위의 다른 사람은 그 사람에게서 엄숙함을 느낀다.

　물욕이 없는 상태에서 마음을 안정시켜 고요하게 가지면, 마음이 동요하지 않고 조용해져서 하늘성품이 떠오르고 사물의 이치가 저절로 밝아진다. 마치 햇볕에 거울을 걸면 그늘진 어둠이 빛나게 비침과 같다. 물욕이 있고 마음이 흔들려 감정이 동요하면, 자기의 입장만 보고 사사로운 이익이나 감정이 개입되어 마음에 주렴을 친 것처럼 되어서 주렴 밖의 사물이 흐릿하게 보이고 하늘이치를 놓치게 된다.

숙정하면 하늘이치가 밝아지면서 또 하늘에 있는 신령을 본다고 하여, 경전은 이치로 움직이는 세계와 신령의 세계가 통일된 하나의 세계임을 가르친다. 보통 공부하고 이치대로 하는 사람들은 신령의 세계를 믿지 않는 경향이 있다. 반면에 일부 무속인이나 종교인은 이치보다는 혼령의 목소리에 더 귀를 기울이면서 이치를 도외시하고 혼령의 세계를 중시한다. 경전은 숙정하면 이치도 밝아지고 신령도 본다고 하여 신령이 이치대로 하는 존재임을 가르치고 있다. 하느님을 모시는 신령들이 하늘이치에 순응함은 당연한 일이다.

이치도 하느님이 만들었으므로 하늘이치를 따름은 하느님을 따름이고, 또한 하느님에게 기도하고 공경함도 하느님을 따르는 것이니 이 둘을 동시에 행해야 한다. 몸에 병이 들었으면 의사를 찾아가 어디가 아픈지 이치대로 진단하고 그 치료방법을 이치에 따라서 해야 한다. 그렇지 않고 아픈 몸으로 골방에 누워서 기도만 한다면 낫기 어렵다. 그렇게 하는 것 자체가 이치에 거스르는 것이다. 이치를 다하고 기도하면서 생활하다가 더 이상의 방법이 없을 때는 기도하는 마음만 남아 하느님의 명을 기다리게 된다.

하느님을 공경해야 한다고만 생각하면 하느님이 나보다 높이 계시어 감히 범접할 수 없는 존재라고만 생각할 수가 있다. 그래서 하느님과 거리감이 있을 수가 있고 하느님 바른도도 의무적으로만 행해야 할 도라고 생각될 수 있다. 바른도를 따르지 않으면 벌을 받기 때문에 단지 그 무서움을 피하려고 바른도를 따르려 할 수도 있다. 그러나 하느님을 좋아하면 전지전능한 하느님의 존재를 알면서 또 자발적으로 하늘도를 즐거운 마음으로 따를 수 있다. 누구를 좋아하면 그 사람에게 내 정성을 들여서 그 사람을 위해주는 마음이 생긴다. 마찬가지로 하느님을 좋아하면서 공경하면 억지로 공경하려고 하지 않아도 공경을 쉽게 할 수가 있고 또 더욱 정성 들여 공경할 수 있다.

기도

정성을 다해 하느님을 공경하면서 한편으로 하느님께 기도하는 시간을 가져야 한다. 기도는 내가 하느님을 마주대하면서 나의 모든 것을 거짓 없이 진실하게 보이는 의례이다. 기도는 아무 때나 아무 곳에서나 마음속으로 할 수 있다. 혼자 하느님께 기도할 때는 누워서 할 때도 있고 앉아서 할 때도 있고 걸어다니면서 할 때도 있을 것이다. 하느님이 늘 우리 곁에 계시니 언제나 하느님을 좋아하고 공경하는 마음을 가지고 쉬지 않고 기도할 수 있다. 그런데 특별하게 원하는 바가 있어서 기도를 올릴 때는 마음 내키는 대로 아무 때나 무성의하게 기도를 시작하면 안 되고 정성을 들여 택일하여 기도해야 한다. 하느님을 모시는 정실(淨室)의 기도처에서 기도하면 더욱 좋다. 정실은 높고 마른 곳을 고르고 냄새와 더러움을 금하며 시끄러움을 끊고 번거로운 격식을 없이 하고 기구는 보배가 아니라 질그릇을 사용한다 해도 언제나 정갈하게 해야 한다. 기도처가 깨끗한 것처럼 기도하거나 경배할 때는 몸을 깨끗이 씻고 옷도 단정하게 입고 와야 한다. 예전에 우리 조상들이 산천기도할 때 상탕에 쌀 씻고 중탕에 목욕하고 하탕에 손발 씻은 것처럼 몸과 마음을 깨끗이 하고 하느님이 정말로 앞에 계신다는 마음을 가지고 행동을 삼가며 기도하고 경배한다. 회향(懷香) 시와 같이 한줄기 정성을 가슴에 품으면서 기도한다:

> 한 받듦을 향로에 드리고자
> 공손히 천리 마음을 품으니
> 향연기는 날아 아니 흩어지고
> 정히 지성이 깊음을 향한다

하늘이치에 조응하는 바른마음

제12일 바른마음

바른마음이란 하늘마음을 바르게 함이다. 마음에 아홉 구멍이 있는데 여섯 감정으로 농락하여 하늘이치를 구하면 얻을 수 없다. 한 조각 영대가 높이 독립하면 빛나는 햇살에 운무가 소멸하고 큰 바다의 넘실거림에 티끌이 끊긴다.

마음의 주인인 영혼은 바른마음을 택할 수도 있고 그른 마음을 택할 수도 있다. 영혼이 마음속에 하늘마음을 바로 세움이 바른마음이다. 하느님은 하늘이치대로 행하므로 사람은 바른마음으로 그 하늘이치에 따르며 조응해야 한다. 바른마음은 무심과는 다르다. 지나가는 구름은 무심하고 바위도 무심하다. 이들은 마음이 없어서 정성을 들이지도 않고 사람 사회의 사정도 모르고 감정도 없다. 무심하면 바르든 아니든 상관없이 마음대로 행하여 다섯 고통 속에서 살 뿐이다. 사람은 목석과 같이 무심하면 안 되고 바름과 그름 사이에서 바른 것을 택해야 한다. 바른마음을 가짐은 스스로의 마음을 정성스럽게 가져서 세상을 살아가는 데에 하늘이치대로 살고자 노력하는 마음을 가지는 것이다. 이는 쉼없음과 쉬지 않음의 차이와 같다. 제29일은 쉼 없음과 쉬지 않음이 다르다고 한다. 쉬지 않음은 스스로 정성을 들이기를 쉬지 않으니 진실한 정성이 깃드는 것이다. 그러나 쉼없음은 누가 시켜서 하거나 상황에 쫓겨 쉼없이 일하기 때문에 정성이 깃들지 않는다. 그러므로 쉬지않음과 쉼없음은 처음에는 동일하게 출발하지만 시간이 갈수록 차이가 벌어져 나중에는 그 결과가 하늘과 땅의 차이만큼 벌어진다. 마찬가지로 무심하게 일을 하고 세상을 살면 나중에는 바름이 무엇인지도 몰라서 바른마음을 가지는 것과는 그 결과가 하늘과 땅의 차이가 난다.

사물이 마땅히 그래야 되는 바의 이치대로 되어 있어야 바르게 된다. 이치에 맞지 못하면 제구실을 못 하고 얼마 못 가 쓸모없게 된다. 사람도 마음이 발라야 쓸모가 있고 같이 어울릴 수가 있다. 남이 좋은 말을 하는데 자꾸 삐뚤게 알아듣고 삐뚤게 대답하면 같이 놀지도 못하고 일하지도 못해서 쓸모없는 인간이 된다. 사람의 행동은 하늘이치에 합해야 바르게 된다. 다른 이치들 즉 물질이치나 사람이치는 모자란 사물이나 사람들의 어쩔 수 없는 사정도 포함하기 때문에 언제나 올바르지는 않다.

우리는 몸에 난 아홉 구멍을 통해서 보고, 듣고, 냄새 맡고, 닿고, 먹고 하면서 세상에 접하고 마음이 움직인다. 마치 마음에 아홉 구멍이 있는 것처럼 마음은 아홉 구멍을 통해 외부의 것을 받아들이고 또 외부에 자기를 표현한다. 아홉 구멍은 눈, 코, 귀에 각각 2개씩 있고 입과, 아래 두 개를 합해서 9개이다. 인중(人中)은 그 위로 눈, 코, 귀의 세 종류의 구멍이 있고 그 아래로 세 종류의 구멍이 있어서 인중이라 한다. 뭇사람은 이러한 아홉 구멍을 통해서 보고 듣고 배우기도 하고 감각적 쾌락을 탐닉하기도 하면서 지경과 길을 따라 착함도 악함도 부리면서 제 맘대로 산다. 그러나 여섯 감정에 농락되어 살면 하늘이치를 구할 수가 없고 다섯 고통 속에 빠져들 뿐이다. 감정에 휘둘리면 아무런 원칙이나 이치가 없어진다. 예를 들면 둘이 심하게 싸울 때는 앞뒤 분간을 하지 못하고 분한 감정에 휩싸여서 사리 분별이 없이 할 말 못 할 말 다 하게 된다. 이런 곳에 하늘이치는 고사하고 사람이치도 찾아볼 수가 없을 것이다.

영혼의 대(臺)가 바른마음 위에 높이 우뚝 솟아있으면 여섯 감정이나 집착으로부터 독립한 영혼은 감정을 통어하고 세상사에 휘둘리지 않는 경지에 이르게 된다. 바른마음은 강한 햇빛이 되어 마음의 운무를 말려버리고 또 큰바다와 같이 넘실거리며 온갖 티끌을 아무렇지 않게 작은 일들로 수용한다. 운무는 여섯 느낌에 휘둘려 마음속에 감정이 잔뜩 끼어 있는 감정의 구름과 안개이다. 티끌은 마음을 번잡하게 하는 세상사에 대한 집착이다.

바른마음은 하늘마음 즉 속마음이 일어나는 대로 하는 마음이고 아직 행동으로 옮긴 상태는 아니다. 정성은 속마음이 일어나는 바이고 피성질이 지키는 바이어서 속마음에 따른 육신의 행동이 동반되어야 한다. 바른마음은 마음에 대한 일이어서 바른마음의 일들에는 정성이라는 용어가 사용되지 않는다.

바른마음을 가지기 위해서 먼저 뜻을 바르게 가지면서 사물에 미혹되지 않아야 한다. 그러면 모습에 위엄이 있게 되고 마음이 비워져서 이치와 기가 생기고 과거와 장래의 일들을 또렷하게 지각할 수 있다. 바른마음을 유지하기 위해서 바른생활을 해야 한다.

미혹되지 말고 바른 뜻을 가져야 함

바른마음을 가지려면 뜻이 하늘마음으로부터 명령을 받도록 뜻의 밭을 고르게 갈아야 한다. 뜻은 마음의 명령을 받으면서도 한번 뜻이 정해지면 마음은 그 뜻을 따라 움직이게 된다. 밭의 돌을 골라내 없애고 흙도 고르게 하면서 작물을 짓는 것처럼, 악한 생각이나 의도, 나쁜 버릇들을 골라 없애고 착하고 바른 의도를 가지는 것이 뜻의 밭을 고르게 함이다. 밭가는 것처럼 욕심도 제어하는 것이 고되긴 해도 나중에 바른마음을 수확하는 기쁨을 가지게 된다.

좋은 뜻을 가지고 행동해서 마음에 부끄러움이 없게 해야 한다. 마음에 부끄러움이 있으면 괜히 눈치를 보게 되고 도둑이 제 발에 저리다고 스스로 떳떳하지 못하게 된다. 바른마음이 아니면 은미한 사이에 번뇌와 답답함이 서로 다가와 정기가 흩어지고 기가 쇠하여 자기도 모르는 사이에 몸이 구부러진다. 어떤 사람이 재개발하는 지역에서 기존에 살고 있는 주민들을 추방하는 일을 해서 주민들에게 못 할 일을 많이 했다. 그 사람은 식당이나 술 마시러 갈 때 벽을 등지고 앉았다고 한다. 혹시 뒤에서 자기를 해칠 사람이 있을까 봐 겁나서 그런 것이다. 이처럼 남 못 할 짓이나 부끄러운 일을 하면 마음에 그림자가 져서 떳떳하지 못하고 몸은 굽실거리게 된다.

물욕과 사사로운 감정이 없으면 마음이 바르게 되고 사물을 사심 없이 대하기 때문에 사물의 있는 그대로의 모습을 볼 수가 있다. 그래서 밝은 곳에서 사물을 보는 것처럼 되어 마음이 밝다. 물욕이 있어서 마음이 밝지 못하면 흐린 창이나 주름을 통해서 사물을 보는 것처럼 되어서 사물의 정확한 모습이 보이지 않고 흐릿하게 보이게 된다.

바른마음의 성과

　마음이 바르면 기색이 엄해진다. 사람이 이치대로 하고 원칙대로 하면 그 바른마음이 엄한 기색으로 나타나서 그 모습은 높은 산과 같고 그 위엄은 신비로운 용과 같이 보인다. 사납고 질책을 잘하면 사람들이 그 앞에서는 겁에 질릴 수도 있지만 마음속으로는 굴복하지 않는다. 그러나 마음이 발라서 엄한 사람은 주위 사람들이 그 엄함을 보면서 자신을 바르게 하고자 가다듬는다. 엄하지 못하고 무골호인과 같이 아무 원칙도 없이 다 좋다고만 하면 같이 놀기는 좋아도 일을 같이 도모할 수는 없다. 원칙이 없어서 일이 바르게 돌아가지 않기 때문이다.

　일상에서 기를 세우면 엄해서 사람들이 옆에 다가가기가 어려워지므로 사람 대할 때는 부드럽게 대해야 한다. 그 부드러움 속에서도 기를 세우고 있어야 한다. 그래야 유혹에 넘어가지 않는다. 자기가 보기에는 신통치 않은 사업인데 옆에 친구가 투자하면 이익을 많이 준다고 유혹하면 그 유혹에 넘어갈 수 있다. 이런 때 기를 세우고 있으면 욕심을 누르고 그 유혹을 물리칠 수 있다. 나쁜 일을 아무리 친한 사람이 권해도 기를 세우고 확실하게 거절하고 그런 친구를 멀리해야 한다. 대부분 친한 사람이 권해서 처음 시작하게 된다고 하는 마약 복용과 같은 유혹은 단호하게 거절해야 한다.

　바르면 물욕이나 사사로운 감정이 없고 심령에 사물에 대한 집착이 없게 된다. 경전은 이 상태를 심령에 사물이 없다고 하고 허령(虛靈)이라고 한다. 허령은 무념무상은 아니어도 욕심 없는 마음이라 할 수 있다. 경전을 꾸준히 읽으면서 일상에서 바른생활을 하면 허령하게 될 것이다. 허령하면 객관적이 되어서 이치와 기가 뚜렷하게 생기며 그 이치와 기는 크게는 하늘세계를 에워싸고 작게는 먼지에까지 들어간다.

  바른마음은 끊임없이 가져야 한다. 한두 번 바른마음을 가지다가 궁하다거나 욕심이 나서 바른마음이 흐트러지면 여태까지 쌓아 올린 바른마음의 상태가 무너져 정신이 흐트러진다. 사람은 효율성을 생각하기 때문에 지금 노력해서 뭔가를 쌓아 올려도 과연 그것을 유용하게 사용할 수 있을까를 생각하면서 눈앞의 이득이 없으면 노력하지 않으려 한다. 학생들을 조사해보면 자기 앞날을 생각하면서 자발적으로 의욕을 가지고 공부하는 학생은 10% 정도가 된다고 한다. 공부가 먼 훗날에 필요한 것이라 당장 눈앞에서 그 사용처가 보이지 않아서 안 하게 된다. 공부에 취미가 없는 사람은 그 결과가 바로바로 눈앞에 보이는 다른 일을 하면 잘할 수 있다. 사람이 결과가 보이지 않으면 노력하지 않으려 하는 성향은 뇌과학적으로도 증명된다. 뭔가를 생각하려면 뇌세포가 움직여야 하고 따라서 에너지가 소모되므로 가능하면 에너지를 절약하기 위해서 생각을 하지 않으려 한다. 처음 이사 가서 집을 찾아가기가 어려워서 정신을 차리고 이리저리 길을 잘 찾아야 한다. 며칠 지나면 늘상 가던 길이라서 아무 생각 없이 집을 간다. 우리 뇌가 장기기억 장소에 기억해두고 무의식적으로 꺼내 쓰기 때문이다. 의식하지 않고 무의식적으로 쓰면 에너지가 훨씬 작게 든다. 이런 영향으로 사람들이 노력하지 않고 편하게 살려고 하는 경향을 가지게 된다. 사회적으로도 나타나서, 기득권층은 기득권을 내놓지 않고 사회 여론이나 다른 외부적인 요인으로 강제적으로 회수해야 기득권을 내놓는다. 서민층도 복지혜택을 한번 받으면 원래대로 돌아가지 않는다. 뇌가 경제적이라고 해서 생각도 하지 않으면서 뇌를 사용하지 않고 게으르게 지내면 좋지 않다. 뇌에 에너지가 들고 골치가 좀 아프다 할지라도 큰 에너지는 아니니까 항상 노력해서 나를 발전시켜야 한다. 끊임없이 노력하며 바른마음을 오래 가지면 정신이 맑아지고 이치가 뚜렷이 떠올라서 과거의 일들을 선명하게 기억하고 장래의 일들도 뚜렷하게 다가온다.

바른생활

바른마음을 유지하기 위해서는 바른생활이 필요하다. 바른생활, 바른자세에서 바른마음이 나온다는 말도 있듯이 생활을 바르게 해야 한다. 마음이 바르면 일상생활 습관도 바르게 되어 그 사람의 생활습관만 보아도 그 마음이 바른지 아닌지를 알 수가 있다. 평소 정리정돈도 하지 않으면 그 마음과 머릿속도 정리가 안 되어 바름을 유지하기 어렵다. 마음은 몸을 부리는 관리자이니 몸과 그에 달린 눈과 코와 입, 귀, 살갗 등의 감각기관의 관리자이다. 마음이 바르면 관리도 잘 되어서 보는 것, 말하는 것, 듣는 것 등이 다 바르게 되며 행동도 바르게 된다.

바른마음을 가지면서 일을 벌일 때는 그 개시하는 때와 장소를 신중하게 선택해야 한다. 우리가 평소 생활할 때는 때와 장소를 별로 신경 쓰지 않아도 큰 불편 없이 산다. 이미 때와 장소가 다 정해져 있기 때문이다. 집에 와서 자고 때 되면 식사하고 출근해서 일한다. 그런데 말하지 않고 집에 늦게 들어온달지, 외박한다든지, 때 되었는데 밥을 안 먹는다든지 하면 식구들이 걱정하고 한편으로는 이상한 생각이 들게 한다. 때와 장소가 안 맞기 때문이다. 일상생활도 때와 장소가 맞아야 하는데, 새로운 일을 할 때는 큰 노력과 자금이 들어가므로 신중하게 때와 장소를 골라야 한다. 시간을 잘못 맞춰 사업을 시작해서 망하면 재기 불능의 상태로 되어버린다. 그런 후에 후회한들 이치가 흐트러져버려서 돌이킬 수 없다. 때와 장소에 맞게 일을 벌이려면 바른 마음으로 바른 때와 바른 장소를 골라야 한다.

바른마음을 가지려면 감정과 욕심을 물리쳐야 한다. 기쁨과 노여움이나 좋음과 싫음이 있거나 편함과 즐거움을 구하거나 가난함과 천함을 싫어하면 바른마음을 얻지 못한다. 마음의 어지러움이 다가옴을 경계하고 조출하여 마음의 솟구침을 경계하면 흙탕물이 점차 맑아지고 짙은 흐림이 이내 가라앉아서 마음이 맑아지고 바른마음을 가지게 된다. 실제로 여러 사람과 함께 일을 벌일 때 바르게 하지 않고 사사로운 욕심에 좌우되는 때가 많다. 공공단체 등에서 벌이는 사업에 뇌물이나 자기 당파의 이득을 위해

엉뚱한 일을 벌일 수가 있다. 바르게 일을 하지 않으면 피땀 흘려 번 돈이 허비되고 하늘이치가 어두워지고 사람의 도가 뒤집힌다.

지성감응

제37일 지성감응(至誠感應)

지성감응이란 지성으로 감응에 이르는 것이다. 감응이란 하늘이 사람에 감동하여 그에 응답하는 것이다. 사람이 감동할 만한 정성이 없으면 하늘이 어떻게 감동하며 사람이 응답할 만한 정성이 없으면 하늘이 어떻게 응답하겠는가? 정성이 지극하지 않으면 정성없음과 같고 감동이 응답받지 않으면 감동않음과 다름없다.

지성감응은 사람의 지성에 하늘이 감응함이다. 하늘에는 하느님과 또 하느님과 함께하면서 하느님의 명령을 수행하는 신령들이 포함되어 있다. 지성감응에는 하느님만 감응하는 것이 아니고 사람도 하느님께 감응해야 함이 내포되어 있다. 사람이 하느님께 먼저 감동해야지 하느님을 제대로 믿는다. 사람 하는 일이 다 그런 것처럼, 머리로만 하느님의 은혜를 이해한다고 하느님을 잘 믿지를 못하고 가슴으로까지 하느님을 느끼고 하느님의 은혜에 감동해야지 그에 응하는 행동이 나오고, 말과 함께 하느님께 응하여 기도하고 도덕 있는 행동까지 있어야지 진실한 신앙이 된다.

하늘을 감동시키려면 지극정성으로 해야 하고 그 지성이 사람을 먼저 감동시킬 정도는 되어야 한다. 하늘이 아니라 남을 감동시키는 것도 쉽지 않다. 일단 그 정성이 평균 이상은 돼야 한다. 평균 이상으로 조금 정성을 들이면 옆에서 보는 사람들이 '열심히 하는구나' 라고 하며 알아채는 정도로 눈에 띄게 된다. 그보다 더욱 정성들여야 남이 감동하고 또 그보다 더 정성을 들여야 하늘이 감동한다.

감동은 느껴서 마음이 움직이는 것으로 평가의 기능이 있다. 사람이 아무리 조그마한 일을 해도 감정이 일어나고 그 감정의 크기에 따라서 그 일이 착한 일인지 악한 일인지 또는 기쁜 일인지 슬픈 일인지 등을 알며 얼마나 큰 일인지도 평가되어 느껴진다. 이러한 감정이 크거나 또는 쌓여서 어느 정도 크게 되면 반응 즉 응답이 이루어진다. 어떤 사람이 내 기분을 크게 상하게 하면 바로 화를 내기도 하지만 대개는 조금씩 기분이 상하다가 감정이 쌓이면 반응해서 화를 내게 된다. 우리 신체의 반응구조도 이와 비슷하다. 예를 들어 내장기관들은 어느 정도 이상 나빠져야 나쁘다는 신호를 보인다. 그래서 내장에 병이 있다고 진단을 받으면 고치기 어렵다.

남을 감동시키기 위해서는 우선 자기를 감동시킬 정도로 정성을 들여야 한다. 자기 일은 자기가 잘 알므로 먼저 지성스럽게 뭘 해서 자신이 자기가 한 일에 감동해야 한다. 흥미 있게 일을 하면 다른 사람들은 그 결과를 보고 감동할지는 몰라도 자기는 감동하지 않는다. 머리가 좋아서 기가 막힌 것을 생각해도 자기감동은 없다. 번쩍 생각이 들었으므로 감동은 주지 않는다. 혼자서 자기가 머리 좋다고 감탄은 할 수 있다. 사막에서 힘들게 걸어서 빠져나와도 자기감동은 못 준다. 그저 살기 위해서 생존을 위해서 나왔기 때문이다. 자기를 감동시키는 것은 수고롭게 지성으로 일을 해서 이루어 낼 때뿐이다. 타고난 재주가 있어야 하겠지만, 천재도 1%의 영감에 99% 노력을 한다는 말처럼, 그 재주에 자기의 정성이 들어가야 일이 되고 자기도 감동하게 된다. 요리를 해서 참 맛있게 잘 되었다고 할 정도가 되어야 하고 글을 쓰고 나중에 읽어보니까 참 잘 썼다고 느낄 정도로 써야 한다. 그러기 위해서는 방법도 터득하고 지성을 들여야 한다. 소설가 조정래가 태백산맥을 쓸 때 10년간 방에 앉아 계속 썼다. 하루에 몇 장씩 원고를 쓰는 일은 고된 노동이다. 그래서 글 쓰는 사람들은 창살 없는 감옥에 갇혔다고 하기도 한다. 글 몇 페이지만 되어도 낱말은 수도 없고 문장만 해도 수 십 개가 된다. 이 문장들을 맞춤법과 문법은 기본이고 그 의미를 조리 있게 맞춰서 독자나 듣는 사람이 들을 만하게 쓰는 것이 머리 아픈 일이다. 그는 소설을 다 쓴 후에 한눈팔지 않고 열심히 써서 완성했다는 자기 감동이 없다면 견디지 못했을 것이라고 하면서 자기가 노력해서 무엇을 이룰 때 자기감동을 준다고 말했다.

자기감동인 듯해도 사실은 아닌 것도 있다. 예를 들면, 자기의 정성에 감동하는 것이 아니라 자기 외모에 감동하는 것은 나르시시즘으로 좋지 않다.

어떤 일을 혼자서 지성으로 할 때는 남들도 모르고 자기 스스로도 감동하지 않을 수도 있다. 그렇지만 지나고 난 뒤에 회상해보면 그때 참 열심히 했다고 스스로도 평가할 수가 있고 남들도 인정해 줄 때가 있다. 그것을 하늘은 이미 알고 감동해서 응답하여 그 일을 이루어주셨음을 깨닫는 경우도 있다. 혼자서 정성을 들여 수행이나 기도하는 것은 남에게 떠벌리면서 수행하는 것이 아니기 때문에 남들은 모른다. 열심히 해서 남이 모르더라도 자기가 감동할 정도가 되면 스스로에게서 응답을 받는다. 몸이 변하고 기가 변하며 마음이 안정된다. 이러면 하느님도 감동하고 응답한다. 이런 때는 남들이 감동하지 않는다고 해도 상관이 없다.

만약에 정성이 부족하면 남도 감동하지 않아서 정성을 들이지 않음과 같이 된다. 제144일은 '다 자란 누에가 땅에 떨어져버리면 명주실을 조금이라도 어떻게 얻을 수 있겠는가'라고 한다. 누에는 열심히 뽕잎을 먹은 후 고치가 될 때는 먹기를 그치고 가만히 있게 된다. 그 누에를 고치 틀에 옮겨두면 사흘간 계속 실을 뽑아내어 고치를 만들고 그 안에서 번데기 생활을 한다. 누에가 뽕잎을 먹는 동안에도 잘 자라야 하고 마지막에 떨어지지 않고 성한 몸을 유지해야 고치를 만들 수 있다. 누에가 중간에 잘못되든가 종말에 떨어져버려 상하게 되면 실을 얻을 수 없는 것처럼 지성도 끝까지 잘해야 하늘이 감동한다.

감동은 크게 시켜서 응답받을 때까지 해야 한다. 주위 사람 중에 누군가 열심히 하는 것을 보면 감동한다. 그러면서도 조금 더 지켜본다. 더 열심히 하면 마음이 움직여서 뭔가를 도와주기도 한다. 이렇게 응답이 올 때까지는 감동시키는 정성보다 더 큰 정성을 들여야 한다. 감동만 시키고 응답이 없으면 감동시키지 않음과 같이 아무런 응답의 행동을 받지 못한다. 상인들이 물건을 팔기 위해서 고객감동을 외치며 고객을 감동시키면 매출을 올릴 수가 있다. 고객이 감동하기 위해서는 물건이 고객의 기대 이상이 될 정도로 품질도 좋고 기능도 좋으면서 고객에 대한 친절한 서비스도 갖춰야 한다. 그래서 고객이 120% 만족하면 감동하게 된다는 얘기가 있다. 100% 만족이면 그냥 만족하고 감동해서 살까말까 하는데 120% 만족하면 깊이 감동해서 물건을 사는 응답을 받게 된다. 이런 식으로 생각한다면 하느님을 120% 만족시켜서 감동시키고 응답을 받게 노력해야 한다.

선거에서 당선되었다고 다 하늘을 감동시켜서 당선되는 것은 아니다. 사람일이 다 그렇듯이 선거의 승패도 하늘이 감동해서가 아니라 대중의 인기를 조작해서 그렇게 될 수도 있다. 당선인들 중에 많은 사람들이 선거부정의 논란에 휩싸이고 또 재임 중에 일을 제대로 못하는 사람들도 많다. 하늘이 감동해서 당선되었다면 그런 일이 일어나겠는가. 대중 선전의 아버지라고 불리는 미국인 에드워드 버네이즈는 요식업 종사자들이 식당 모자를 쓰게 했다. 1930년대에 자기가 살던 시절에 긴 머리를 올려서 가리는 모자를 생산하여 판매하던 사장을 알게 되었다. 단발이 유행하게 되어 모자가 안 팔리게 되자 에드워드가 아이디어를 내어 식음료업에 종사하는 사람들이 요리할 때 머리카락 빠지는 것을 방지하기 위해서 모자를 써야 한다고 선전했다. 그 결과 모자를 많이 팔아 그 회사가 큰 이익을 남겼다. 이 예는 좋은 예이고 그가 한 나쁜 선전의 예로는 여성들에게 담배를 피우게 한 선전이었다. 미국에서 담배가 잘 안 팔리게 되니까 에드워드가 묘안을 짜내어 뉴욕에서 젊은 여성들이 담배를 피우면서 길거리를 활보하게 하는 이벤트를 벌여 현대적인 여성은 담배를 피워 세련되게 보이는 선전을 했다. 그 이후 담배 매출이 크게 신장되었다. 히틀러는 대중 선전의 전문가이다. 그는 군중심리를 꿰뚫어서 반복적인 말로 연설하면서 국민들을 세뇌하여 자기 뜻에 따르게 한 선동가였다. 이렇게 하늘의 뜻이 아니게 선전하며 무고한 사람들을 전쟁의 포화 속에 몰아넣으면 천벌을 받는다.

하늘에 감동 주기가 이렇게 어려워서 지레 겁을 먹고 하늘에 감동 주기를 포기할까 하는 마음이 들 수도 있다. 방법을 모르면 포기할 수도 있겠지만 경전은 하늘에 감동을 주고 응답받는 방법을 아홉 가지 일들로 나누어 설명한다.

하늘이치에 순응

하늘을 감동시키기 위해서는 하늘이치에 맞게 기도하고 행동해야 한다. 지성감응의 첫 번째 일인 순천(順天)은 하늘이치에 순하게 따르고 하늘이치에 순하게 기도하라고 한다. 우리가 무슨 일이거나 시작할 때 먼저 하늘이치에 맞게 계획을 세우고 난 후에 하느님에게 그 계획을 아뢰고 잘 이루어달라고 기도해야 한다. 이때 하늘이치에 거스르거나 거역하면서 기도하면 안 된다. 남이 잘못되기를 비는 것과 같은 기도는 하늘이치에 거스르는 것이니 그런 기도를 하면 오히려 앙화를 받는다. 또 기다리지 않고 빨리 이루어달라고 빌어도 안 된다. 하늘이치를 거스르거나 빨리 이루어달라고 함은 자기의 욕심을 앞세우는 것이다. 하느님이 때가 되면 다 주시고 또 정성이 더욱 깊어져야 주는 것인데 우격다짐으로 욕심만 앞세워 빨리 달라고 하거나 어린아이와 같이 울면서 이루어달라고 떼쓰면 안 된다.

생활할 때는 하늘이치에 응하여 정성을 기른다. 하늘이 환난을 주면 '혹시 나에게 허물과 죄가 없나' 하고 돌아보고 내 정성이 부족하구나 라고 생각하면서 달게 받아 정성이 어김없게 한다. 하늘이 상서를 내리면 나태해져서 정성을 들이지 않을까 두려워하면서 오히려 더욱 정성을 들이도록 노력한다. 우리 인생이 순탄하지만 않아서 각종 시련이 닥쳐오고 배고픈 날도 겪게 된다. 큰 병에 걸리기도 하고 사업에 실패하면 주위 사람들이 나를 외면할 수도 있다. 이런 때는 하느님의 은덕이 어디에 있나 하는 의심을 하면서 하느님이 나를 버리시나 라는 생각이 들 수 있고, 하느님이 계심을 아예 잊을 수도 있다. 그러나 하느님이 나를 버리는 게 아니고 나를 성장시키게 하려고 고난을 주고 나의 잘못을 깨우쳐서 지경을 넓히라고 질곡을 주는 것이다. 하느님은 우리의 지혜를 단련시키기 위해서 고난뿐만 아니라 뜻하지 않은 행운을 주기도 한다. 고난이나 행운의 외부상황에 흔들리지 않고 마음의 중심을 잡아 하느님과 함께함을 더욱 믿고 기도하며 하느님을 공경해야 한다.

하늘의 응답을 받고 명령에 순응할 뿐 감응을 열심히 고대하지는 않아야 한다(청천 聽天). '나의 정성이 하늘의 감동에 이르지 않은 게 틀림없구나'라고 하면서 하늘의 응답을 고대하고 있으면 고대하는 만큼 정성들이는 시간과 마음을 빼앗겨 정성이 소홀해진다. 응답은 언제 올지 모르므로 마음을 비우고 하느님께 맡겨야 한다. 하느님은 우리의 정성이 깊어지는 것을 보고 때가 되면 응답하니 정성을 더욱 오래도록 더욱 담담히, 더욱 부지런히 더욱 조용히 하면 된다.

하늘 감응을 인지

사람에 대한 하늘의 뜻은 지극히 공평하여 사사로움이 없다. 나의 정성이 깊으면 하늘감동도 깊고 나의 정성이 얕으면 하늘감동도 역시 얕다(락천 樂天). 하늘감동의 깊고 얕음을 앎으로부터 나의 정성의 깊고 얕음을 아는 고로 점점 정성스러우며 점점 기뻐한다. 지성스런 사람에게는 반드시 하늘의 감응이 있음을 기대해야 한다(대천 待天). 하늘 감응에 대한 기대가 깊지 않으면 하늘을 믿는 정성이 없으며 기대가 무한하면 정성 역시 무한하다. 하느님 공경을 무거운 물건을 머리에 얹은 것처럼 하여 감히 머리를 기울이거나 몸을 굽히지 않으면 그 성의는 능히 감응에 이른다(대천 戴天).

하늘에 기대며 기도하고 강론함

기도할 때는 원하는 바를 하느님께 고하고 마음을 비워야 한다. 예를 들면 '우리 아들이 이번에 취직시험 보는데 되게 해주기 비나이다. 하느님 뜻대로 하소서' 하고 한 번만 말한 뒤에 마음을 비우며 하느님 뜻에 맡기고 기다려야 한다. 계속 같은 말을 반복할 필요가 없다. 하느님은 원래 사람이 말을 안 해도 그 마음을 다 알고 있고 뜻대로 행한다. 그래도 우리가 하느님께 원하는 바를 입으로 말을 해서 기도하는 것은 그만큼 하느님께 기대어 하나 되고 그만큼 정성을 들이는 것이다. 기도의 마음가짐은 마음비움이다.

하느님께 맡긴다는 말의 의미는 일의 과정이나 결과를 다 맡기라는 뜻이 아니고 그 결과만을 하느님께 다 맡기라고 하는 뜻이다. 그 과정에서 정성을 들여 바르게 일하는 것은 사람 몫이다. 하느님이 온누리 일을 주관하지마는 우리는 우리 나름대로 주관을 가지고 경전 말씀대로 착하고 바르게 행동해야 한다. 뭘 이루어달라고 기원하는 기도에는 내가 정성을 다해서 착하고 바르게 행동한다는 전제가 깔려있다. 그렇지 않고 내가 악하게 행하는데도 뻔뻔스럽게 하느님께 도와달라고 기도할 수는 없다. 우리가 우리 일을 주관해서 하는 것이고 하느님은 우리의 마음을 보고 그에 따라 응답해준다.

기도할 때 바라는 바를 고할 뿐 그 뒤에 조건을 달면 안 된다. 어떤 사람은 아들 시험만 되면 내가 사회에 기부를 크게 하겠다고 기도해놓고 막상 되니까 아까워서 못하고 잘못되는 경우도 있다. 사람은 약하고 물욕이 강해서 남과의 약속도 잘 못 지킬 때가 많은데 보이지 않는 하느님과의 약속도 어기는 때가 많으니 절대 조건부로 기도하면 안 된다. 또, 같은 맥락에서, 하느님이나 하늘이나 땅을 두고 맹세하면 안 된다. 국가를 위해서 목숨 바쳐 일할 때는 그래도 될 것이다. 그런데 평상시 남과 약속할 때 하느님을 두고 맹세하다가 그 맹세를 어기면 안 된다.

평상시에도 기도하는 마음으로 살아야 한다. 하느님은 모든 것을 보면서 우리가 하는 일을 이루어주든지 못 이루게 한다. 우리가 무슨 일이고 간에 일할 때는 무릎 꿇고 말로 기도를 안 해도 하는 일이 이루어지기를 바라면서 일을 한다. 하느님은 그 바라는 마음을 이미 알고 얼마나 정성을 들이는지, 얼마나 하늘이치에 따라 일하는지에 따라서 그에 감응한다. 그래서 우리가 늘 하느님 앞에 서 있는 것이고 일할 때는 늘 하느님께 일이 이루어달라고 기도하고 있는 상태나 다를 바가 없다. 그러니 일상에서 늘 하느님께 기대면서 기도하는 마음으로 살아야 한다. 애초에 나의 목숨이 하느님으로부터 비롯되었고 하늘덕으로 그 목숨이 부지되고 있어서 하느님께 감사하며 늘 기도하고 공경하는 마음으로 사는 것은 당연한 일이다. 늘 정성스럽게 기도하는 마음으로 살아야 하니 기도는 어렵다.

하느님의 존재를 의심하는 사람도 있다. 열심히 기도했는데 바라는 바가 이루어지기가 어렵고, 열심히 봉사하며 성실하게 살았는데 생활이 나아지지도 않으며, 어느 때는 사람들과 다투어 속상하기도 해서, 하느님의 응답이 있나 하고 의심하며 낙담한다. 이런 정성은 아래 정성이다. 정성이 낮아서 하느님을 의심해서 평소 믿고 있다가 생활이 조금 힘들면 하느님을 원망하면서 하느님이 없다고 한다. 그러다가 아주 심하게 곤경에 처하면 다시 하느님을 찾으며 살려달라고 빈다. 정성스럽게 기도했는데 안 이루어지거나 응답이 없다고 해도 하느님이 계시나 안 계시나 하는 의심을 하면 안 된다. 정성을 다했어도 안 이루어지는 것은 남이 보기에는 그 정성이 부족했거나 아니면 하느님이 깊은 뜻이 있어서 그런 것이니 의심을 그치고 하느님을 더욱 믿고 기도하며 정성들여 살아야 한다.

하느님을 믿고 있지만 아직 완전히 기대며 살지 않으면 종종 허망에 미혹되는 일을 저지르다가 다시 하느님 앞에 무릎 꿇고 빈다. 이러한 사람은 가운데 정성으로 하느님을 믿는 사람이다. 여기서 더욱 신앙이 깊어지면 하느님께 완전히 기댄다. 내가 누구를 믿으면 그 사람이 필요할 때 믿고 일을 맡길 수 있고 또 친구가 될 수 있다. 한발 더 나아가 어떤 사람을 믿고 의지한다는 것은 그 사람이 없으면 내가 바로 서기가 어렵다는 의미가 있다. 어린아이에게 부모는 믿고 또 기대야 하는 사람이니 부모가 없으면 살기가 어렵다. 기댐은 완전하게 하나 되어 의존하는 것이다. 하느님께 기대며 생활함도 이와 같아서 하느님이 없으면 내 생활이 제대로 이루어지지 않는다. 하느님에게 기댐은 두 가지 측면에서 마음의 평화를 가져다준다. 하느님은 사람보다 초월적으로 능력이 많으므로 그 능력에 의지하여 마음의 평화를 찾는다. 그다음 하느님은 순수하게 정의롭고 착하므로 하느님을 믿으며 착한 마음을 가지고 마음의 평화를 찾는다. 내가 시련을 겪을 경우에도 하느님이 나를 단련시키면서 내 영혼을 성장시키려고 일시적 시련을 준다라고 생각하며 마음을 편하게 가지고 미래에 대한 희망을 가진다. 내가 경사를 맞거나 하는 일이 잘될 때는 '하느님 덕으로 잘되는구나'라고 생각하며 겸손해지고 마음의 평화를 갖는다. 그래서 종교인의 수명이 가장 길다는 통계가 있다.

 살다 보면 어디까지 내가 하는 일이고 어디까지 하느님이 하는지 모를 때가 많다. 왜냐하면 사람은 하느님이 내 행동에 대해서 언제 판정해서 내게 응답을 주시는지를 모르기 때문이다. 내가 일을 하는 중간에 중간 평가를 해서 응답을 주어서 내 일을 잘되게 할 수도 있고, 어떤 경우에는 다 끝날 때 응답을 주기도 하고, 어떤 일은 처음부터 하느님께서 내 일을 계획하여 다 짜놓고 일을 시키는 것이 아닌가라는 생각이 들 때도 있다. 이러한 때 하느님에게 기대어 동행하면 하느님과 일체가 되어 그 구별에 큰 상관이 없게 된다.

 시천(恃天)의 가르침과 같이 큰정성을 가지고 하느님께 기대 살면 하느님의 뜻대로 살게 되어서 하느님이 반드시 돕는다. 굳이 신기한 것을 추구하고 험한 것을 찾아다니면서 위험한 일을 할 필요가 없다. 험함을 찾는 것은 자기가 알지도 못하면서 미래가 불투명한 길을 가는 것이니 위험한 길을 찾는 것이다. 하느님에게 전적으로 의지함은 마음을 비우고 하느님의 뜻에 따르는 것이다. 그러면 하느님이 반드시 도우므로 험함을 찾지 않고 일상에 정성스러울 따름이다.

 내가 하느님께 완전히 기대고 하느님의 뜻대로 산다고 해서, 내 뜻이 하느님의 뜻이라고 착각하면 안 된다. 어떻게 사람 개개인의 뜻이 하느님 뜻이라고 할 수 있겠는가. 내가 하늘이치에 맞는지 항상 조심해서 생각해야 하고, 내 뜻과 남의 뜻이 다를 때는 상대방의 말을 경청하면서 누구의 뜻이 하늘이치에 맞는지 신중하게 생각해야 한다.

사람일이 순하면 하늘도가 화평하고 사람일이 거스르면 하늘도가 어그러진다. 순함을 알고 거스름을 알게 되어 어그러진 이치를 깨닫게 되면 마음에 꼭꼭 새기어 두고 사람들에게 설명해준다. (강천 講天)

하느님의 사회 조교치화

삼일신고에 묘사된 하느님의 작용은 온 우주에 대한 조화, 교화, 치화 즉 조교치화이다. 참전계경에서의 하느님의 작용은 사람사회에 대한 조교치화 작용이다. 제4일에서 '잠깐 사이라도 진실로 하늘덕이 있지 않으면 사람은 사람되지 못하고 사물은 사물 되지 못한다.' 라고 한 것처럼 하느님은 만물과 사람사회에 하늘덕[天德]을 베풀며 항시 조교치화한다.

조화

사람은 하느님이 사람에게 성품과 몸을 준다는 사실을 먼저 깨달아야 한다:

> 제 5일 도화 導化
> 도(導)란 가리켜 이끌음이고 화(化)는 하늘공업의 조화이다. 사람이 하늘공업의 조화를 알지 못한즉 하늘과 사람의 이치에 어두워 나의 타고난 성품을 어디로부터 받았는지 모르며 나의 몸이 어디로부터 왔는지도 모른다. 깨달음이 이것 먼저가 아니면 나머지 깨닫는 바도 없으니 밝은이는 의당 열어 뒷사람을 인도한다.

공업은 이치를 알아서 이치대로 만든다. 사람의 육체는 각종 장기와 기관들이 지극히 복잡하고 오묘한 생물학적 이치에 의해서 움직인다. 성품이 나타나는 두뇌 작용도 수많은 뉴런과 호르몬 등 각종 물질의 생화학적 이치에 따른 작용으로 형성된다. 성품은 성품과 명과 정기의 세 참을 대표하고 몸은 마음과 기와 몸의 세 허망을 대표하므로 사람은 하늘공업의 조화로 세 참과 세 허망을 받는다. 이 사실을 가장 먼저 깨달아야 나의 근본을 알게 되는 것이므로 이를 깨우치지 못하면 근본을 모르기 때문에 다른 어떤 것을 배워도 쓸모가 없게 된다. 하느님은 사람마다 개성이 다 다르게 조화한다:

> 제181일 위조인기(爲造人器)
> 위조인기란 하늘이 사람그릇을 만듦이다. 모든 사람을 한 형상으로 만들고 모든 성품을 한 품격으로 만들지만 단 여덟 다름과 아홉 특수함을 만든다. 구제의 바탕이 서로 같지 않아서 반드시 돌리고 녹이고 갈고 닦아 이루어야 한다.

하느님은 모든 사람을 한 형상으로 만들고 모든 성품 즉 하늘성품을 한 품격으로 만들지만, 단 여덟 다름과 아홉 특수함으로 사람마다 다 그릇을 다르게 만든다. 그 여덟 가지 다름과 아홉 가지 특수함은 다 다름을 뜻한다. '멀다' 라는 말을 할 때 구만리라고 하는 것처럼 여덟과 아홉은 일에서 구 중의 끝의 두 자이어서 다수 즉 많음을 의미한다. 지구 인구가 70억 정도인데 사람마다 모양도 다르고 성격이나 성질도 다 다르다. 한날한시에 낳은 쌍둥이도 다 다르게 태어난다. 이처럼 하느님이 각 사람마다 몸과 성격을 다르게 만드는 까닭은 다 다르게 각자의 방식대로 살아가면서 공부해서 성품을 깨우치라고 하기 때문이다. 다 다르니까 선생이 지도할 때도 그 방법을 알려줄 수는 있어도 그 방법을 사용해서 자기 것으로 만드는 것은 자기 몫이 된다. 말을 냇가까지 끌고 갈 수는 있으나 그 물을 마시고 안 마시고는 말 스스로 한다. 경전은 화행을 어떻게 해야 하는가도 간략하게 설명한다. 그릇을 만들 때 반드시 돌리고 녹이고 갈고 닦아 만든다. 도자기는 물레를 돌려가며 그릇의 형상을 만들고 쇠그릇은 쇠를 녹여 거푸집에 넣어 형상을 만든다. 이렇게 만들어진 초벌을 잘 갈고 세밀하게 닦아서 디

테일까지 완성한다. 하나의 그릇을 잘 만들기 위해 오랜 시간과 정성이 들어가듯이 사람그릇도 오랜 시간 동안 공부하고 연마해서 이루어진다.

간혹 특출난 재주를 가진 사람이 있지만 대부분 사람의 재주는 큰 차이가 없다. 사람이 한 가지 재주가 있으면 대개 다른 방면으로는 소질이 없다. 요즘 회사들에서 출신학교나 경력 사항을 가리고 면접을 하는 블라인드 면접을 한다. 그 면접 결과를 보면, 일류대 나온 사람보다 평균 정도 대학 출신의 점수가 높다고 한다. 평균 대학 나온 사람들은 책보는 시간보다 서로 만나서 대화를 많이 해서 사람 심리도 잘 알고 대화의 기술도 늘어서 책만 보는 일류대 출신 사람들보다 면접을 잘하는 것이다. 사람 능력은 큰 차이가 없어서 공부하는 데는 재주가 있지만 대화의 재주가 없을 수도 있다. 아니면 혼자서 외우고 이해하기만 하는 데에 시간을 쏟아서 대화 시간이 없어서 대화 기술이 없을 수도 있다. 어쨌든 한 사람이 다 잘할 수는 없고 하나를 잘하면 다른 것은 못하게 됨을 알 수 있다.

사람마다 전체적인 재주의 크기는 큰 차이 없이 다 공평하게 주어졌는데 내 성격과 내 인생은 내가 제일 잘 알므로 내 인생은 나만이 만들어나갈 수 있는 특별한 것이고 생활 속에서 많은 것을 배우고 경험하면서 나만의 특별한 인생을 잘 만들어나갈 수 있다. 젊었을 때는 실패를 너무 두려워할 필요 없이 도전도 해봐야 한다. 사람은 실패를 하면서 사무치게 배운다. 실패를 모르면 세상 물정도 몰라서 고난을 당할 때 헤쳐 나가기가 어렵다. 나이 들어서는, 새로운 분야에 도전할 수도 있지만, 도전보다는 기존에 하던 일을 꾸준히 더 해서 완성도를 높이는 것이 좋다.

교화

사람은 아무것도 모르고 태어나 눈을 뜨고 땅의 것을 보고 자라면서 몸이 다인 줄 알고 산다. 교화가 없으면 육신만 생각해서 자꾸 욕심을 부리고 다투므로 하느님은 사람 사회를 교화하여 깨우치게 한다:

제162일 척벽(拓闢)
척벽이란 외진 곳을 개척하고 거친 곳을 여는 것이다. 하늘이 사람 구제에 먼저 사물을 여는 고로 외진 땅 사람 없고 거친 땅 사물 없는 곳을 위해서 신성한 이로 시작하고 지혜로운 이로 돕게 하며 우매한 이로 이어서 교화를 마친다.

제163일 수산(水山)
수산이란 바다와 육지이다. 하늘이 바다 구제에 육지로 하고 육지 구제에 바다로 한다. 육지로부터 가르쳐 바다까지 되게 하며 육지로부터 도를 행하여 바다까지 덕이 이르게 한다. 교화가 선즉 구제의 공적이 밝고 도덕이 이루어진즉 구제의 공적이 드날린다.

하느님은 시초가 되는 황무지에 사람 사회를 열어 교화하기를, 신성한 이로부터 시작하여 지혜로운 이로 보좌하게 하며 우매한 이로 잇게 한다. 또 육지의 한 지방에서 교화를 융성하게 하여 사해 바다까지 그 교화가 미치게 한다. 하느님은 또한 인간사회가 물질에 미혹되어 심하게 오류에 빠질 때 신성한 이를 보내어 그 사회를 교화하고 구제한다. 병아리가 알에서 잘못 깨어날 때 어미 닭이 알을 톡톡 쳐주어서 깨고 나오게 하듯이 하느님께서 톡 쳐서 사람이 미혹에서 깨우쳐 나오도록 인도한다.

치화
하느님의 덕을 기리면서 하느님을 공경하면 하느님은 우리에게 정기를 내려주어 살아가게 하고 우리의 행동을 보면서 착하면 복을 주시고 악하면 벌을 내린다:

제284일 갚음 報보
갚음이란 하늘이 악한 사람을 앙화로 갚고 착한 사람을 복으로 갚는다.

　이러한 하느님의 갚음이 없다면 사람은 자기 행실에 대한 책임감도 없어지고 동기도 없어져서 바르게 되지 못한다. 잘했는데 칭찬이나 보상이 없다면 다음번에는 별로 잘할 의욕이 없어진다. 그리고 나쁜 짓을 했는데 꾸중 듣지도 않고 벌이 없다면 그 사람은 나쁜 짓을 대수롭지 않게 여기고 다시 하게 되므로 발전이 없다. 몸을 다치면 통증을 느껴야 한다. 통증이 없다면 다쳤는지 안 다쳤는지도 모르게 되어 조심하지 않고 또 다치게 되어 더 큰 화를 입게 된다. 이처럼 사람 행실도 잘잘못에 대한 보응이 있어야 쓴맛 단맛 보면서 허물을 뉘우치고 바른길로 나아갈 수 있다. 하느님은 사람일을 거울비추듯이 다 알고 (제186일) 보응할 때 제41일과 같이 지극히 공정하고 사사로움이 없다:

　사람에 대한 하늘의 뜻은 지극히 공정하여 사사로움이 없다. (天意於人至公無私)

　공정함은 하늘이치대로 함이다. 하느님은 자연을 정밀한 물리와 생화학적 이치로 창조한 것처럼 사람사회도 하늘이치대로 하여 공정하게 치화한다. 이러한 하느님의 보응의 치화는 사람들이 이치대로 일체화하면서 지내라고 함이다. 하느님은 자연 현상을 변화시키고 사람의 귀천도 변화시킴으로써 사람의 지혜를 트이게 하고 성품이 통하게 한다:

　　제160일 이물 移物
　　이물이란 한울이 이곳의 사물을 저곳으로 옮김이다. 한울은 사물구제에 치우쳐 구제함이 없고 사물내림에 치우쳐 내림이 없다. 동쪽 풍년 서쪽 흉년과 남쪽 장마 북쪽 가뭄은 치우침이 아니라 돌림이다. 사람의 기혈이 통 혹 안 통하며 신체가 건강 혹 건강치 않음 같다.

제161일 역종 易種

역종이란 하늘이 산물의 종류를 바꾸는 것이다. 하늘은 사물구제에 극귀 극성케 함도 없고 극천 극쇠케 함도 없다. 모든 사물이 귀하고 번성하면 꼭 비천하고 쇠퇴하게 되며 비천하고 쇠퇴하면 꼭 귀하고 번성하게 됨은 하늘이 이쪽 산물을 저쪽으로 바꾸고 저쪽 산물을 이쪽에 바꾸어 사람성품을 돌리며 사람지식을 통달케 하기 때문이다.

올해는 이곳이 가뭄 들고 내년에는 저곳이 장마진다고 해도 하느님을 원망하지 말고 그 뜻을 헤아려 지혜를 기르고 성품을 돌아본다. 하느님은 또 구제에 지극히 귀하게 하거나 지극히 번성하게 함도 없고 지극히 천하게 하거나 지극히 쇠하게 하지도 않는다. 모든 사물이 귀하고 번성하면 꼭 비천하고 쇠퇴하게 되며 비천하고 쇠퇴하면 꼭 귀하고 번성하게 됨은 하느님이 이쪽 산물을 저쪽으로 바꾸고 저쪽 산물을 이쪽에 바꾸어 사람성품을 돌리며 사람지식을 통달케 하기 때문이다. 모든 나라도 번성한 때가 있으면 쇠퇴기를 맞이한다. 함석헌은 고통은 영원한 얼의 정화작용을 한다고 하고 우리는 설움 당하는 것이 좋고 그래야 알이 든다고 했다. 고통 속에서 여물어 가고 이치를 발견한다.

사람의 사회 조교치화

하느님이 사람 사회를 조교치화하듯이 사람들 자신도 그에 조응하여 사람 사회를 조교치화한다. 이러한 조교치화는 일체화하는 하늘성품의 발로이며 사회를 일체화한다. 하늘성품대로 하면 쾌락이 따르므로 조교치화하면 즐거움이 따른다. 새로운 일을 계획하거나 새로운 상품을 구상하면서 창의적인 일을 할 때 도파민이 분비되면서 즐거움을 느낀다. 조화는 창의적인 일을 하므로 도파민이 활성화되어 즐거움이 따른다. 교화를 통하여 사람은 깨우쳐 알고 지경이 넓어져서 일체화하며 영혼이 성장하므로 기쁨이 따른다. 치화는 산업을 일구면서 사람들과 협동하고 일체화되어 어울려서 살므로 기쁨이 따른다. 어울림에는 놀이가 포함되어 있어서 놀이의 즐거움도 따른다.

사회 조화

> 제55일 신의[信신]
> 신의란 하늘이치에 꼭 합하며 사람일이 반드시 이루어지게 하는 것으로 다섯 모임과 서른다섯 무리가 있다. 信者 天理之必合 人事之必成 有五團三十五部

신의가 하늘이치에 합함은 신의의 원천이 하늘이치임을 뜻하고 신의가 사람일을 이루어지게 함은 신의가 있음으로써 사람일이 이루어짐을 뜻한다. 신의에 속한 일들은 사회의 집단을 뜻하는 모임[團]과 무리[部]들로 분류되어 사회의 구성을 중시한다.

신의는 하늘이치에 합한다

이치대로 행해야 앞뒤가 맞고 정당하여 사람들이 이해하고 의혹이 없어져 믿게 된다. 사람은 이치를 알기 위해서 오랫동안 학교에서 공부하고 또 일하면서 배운다. 이치는 사물에 따라 발견되어서 자연과학, 공학, 의학, 사회과학, 인문과학 등으로 나뉘고 세부 전공으로 보면 무수히 많다. 이치에는 여러 종류가 있다. 사람이치는 사람이 무슨 행동을 하면 그러할 것이다 또는 그럴 수 있다고 이해가 되는 것이다. 사람은 유한하고 감정과 욕심 등이 있으므로 사람이치는 반드시 옳은 것은 아니지만 사람들은 그럴 수 있다고 수긍한다. 제105일은 "사람이치의 항시 그러함이다. 하늘이치에는 그 운행을 잃고 …" 라고 하면서 사람이치는 하늘이치에 못 미쳐 그 운행을 잃으니 사람의 잘못을 용서하라고 한다. 물질이치는 사람이 물질을 보고 그에 대해 행동하는 경제학적 이치이다. 이러한 사람이치나 물질이치는 사람과 물질의 그러한 바 즉 소이연(所以然)이어서 이해하고 그런다고 하는 것이지 사람이 그것을 본받아 따라야 하는 이치는 아니다.

하늘이치는 어김이 없이 반드시 옳다. 지구의 자전과 공전이 분초도 틀리지 않음이 하늘이치이다. 온누리에 보편적으로 적용되는 이치가 하늘이치이고 하늘이치대로 하면 누구나 믿어서 신의는 하늘이치에 합한다. 하늘이치는 사람일을 하면서도 체험하고 배울 수 있다. 과학적이고 귀납적인 방법으로 연구하면서 새로운 하늘이치를 깨우치기도 한다. 진리가 실생활에서 검증되어야 하는 전체적인 것이어서 체험을 통해 완벽하게 알 수 있다라고 하는 변증법적 우회의 원리라고도 한다.

신의는 사람일을 이룬다

큰 일이든 작은 일이든 사람이 하는 사람일은 사람의 모든 면에 관계된다. 신의와 정성이 관계되고 사랑이나 지혜, 예의 등 모든 것이 관계된다. 사람일에는 이 모든 덕목 중에서 첫째로 신의가 있어야 한다. 서로 신의가 있어서 서로를 믿는 데서부터 일체가 되어 협동과 분업이 가능하며 사람이 각기 할당된 직분을 성실하고 신의 있게 이행했을 때 사람일들이 이루어지고 하나의 건실한 사회가 이룩된다. 어떤 일을 여러 명이 같이할 때 먼저 믿을만한 사람을 찾게 되니 신의 있는 사람을 찾음이다. 어떤 사람이 지혜와 사랑이 있고 정성들여 일을 한다고 해도 믿음성이 없으면 일을 맡길 수는 없다.

신의가 큰 만큼 더욱 큰 일이 이루어진다. 신의가 커질수록 사람일은 규모가 커지며 그 일을 하는 세력의 크기도 커진다. 회사에서 사원들이 회사를 믿고 회사도 사원들을 믿어 신의가 크다면 그 회사는 운영이 잘 될 것이고 상품의 질이 높아져서 사세가 신장될 가능성이 크다. 역사적으로 신의가 컸던 예는 징기스칸 시대의 몽골 병사들에서 찾아볼 수 있다. 징기스칸의 어떤 병사가 보초를 서다가 깜박 잠들었다가 깬 후 그 사실을 스스로 상관에게 보고하였다. 옆에 있던 사람이 그 사실을 보고하면 군법에 의해 사형당한다고 해도 그 병사는 만약 내가 졸았을 때 적이 쳐들어왔다면 우리 병사는 큰 참변을 당했을 것이라고 말하면서 자기의 과실을 보고하고 사형당했다 한다. 이렇듯이 죽음보다 신의를 더 크게 생각하여 몽골 병사들이 세계를 정복하는 세력이 된 것이다.

신의에 속한 모임들

신의에는 의로움, 약속, 충성, 열부부(가정화목), 순환 등의 다섯 모임이 있다.

의로움과 약속은 사람일이 이루어지고 신의가 유지되기 위해 지켜져야 하는 필수 덕목들이다. 의로움이 없으면 약속을 잘 지키더라도 일을 함께 할 수 없다. 정당성이 없고 남을 해치는 일을 벌이면 의로움이 없는 것이어서 사람들이 그에 동조하지 않는다. 의롭지 않은데 이득을 위해 협동하여 일하면 일을 마친 후 신의 없이 이득에 따라 서로 배반하고 분열한다. 의로움은 있다 하더라도 약속을 지키지 않아서 기한을 어기면 역시 일이 이루어질 수 없고 신의가 생기지 못한다.

충성과 열부부 즉 가정 화목은 사회의 가장 기본적인 단위인 나라와 가정을 위해 지켜야 할 덕목이다. 사람이 사는데 가정이 없으면 인류는 번식을 못하고 멸망한다. 국가가 없으면 법도 없고 방위도 없기 때문에 개개인은 생존에 위협을 받는다. 그래서 사람은 신의로써 국가사회와 가정을 지켜야 한다. 충성은 국가에 대한 충성이지만 한 사회에 대한 충성이 되기도 하며 작게는 자기가 일을 하고 있는 회사나 다른 사회단체에 대한 충성으로 볼 수 있다. 부부의 일도 모여 가정을 이루는 것이므로 사랑보다 신의에 속한다. 부부간에 서로 거짓말하고 가정에 대한 책임을 회피하거나 가정 일을 돌보지도 않고 나돌아다니기만 하면 그 가정은 이루어지지 못하고 결국 파경을 맞이한다. 사랑이 조금 부족해도 가정은 유지되지만 신의가 없이는 한 가정이 이루어질 수 없다.

순환은 모습 있는 하늘이 어김없이 순환하며 신의가 있음을 사람이 본받아 신의를 지켜야 한다는 일이다. 가히 컴퓨터와 같은 정확성을 가지고 약속을 어김없이 이행하면서 신의를 길러야 한다. 컴퓨터의 정확성도 어김없는 물리에 바탕해서 만들어진다. 하느님은 태양이나 달, 지구, 별들 등의 천체들이 물리법칙에 의해 정확하게 운행하도록 하였다. 물질을 이루는 근본입자들인 소립자들도 법칙에 의해 운동하며 생성소멸한다. 이러한 자연법칙은 항구불변하여 하느님이 한 번 정하고 그대로 행하는 하느님의 신의를 보이는 것이다.

의로움은 신의의 원천

아리스토텔레스는 의로움을 '같은 경우는 같게 다른 경우는 다르게 한다'로 표현했다. 같은 경우를 다르게 대하면 사심이 들어가 원칙 없이 대하는 것이어서 의로움이 없어진다. 모두가 인정하는 원칙은 이치라고 할 수 있다. 이처럼 의로움은 이치대로 행하므로 정당한 관계를 이루며 일체화하는 작용을 한다.

의로우려면 올바른 이치가 무엇인지 생각해서 알아내고 그 이치대로 행해야 한다. 행동하기 위해서는 기가 움직여야 하고 그것이 얼굴과 몸에 기색으로 나타난다. 여럿이 의로움을 행할 때는 의기투합이란 말에서 보는 바와 같이 사람들이 실제 행동하기 전에 기세들을 합하여 힘을 모은다. 이러한 의로움의 기세는 신의가 시작되게 하고 또 행동할 때 그 기세가 꺾이지 않고 지속되어야 하므로 기는 시간적으로 의로움이 유지되게 한다.

약속은 신의를 유지시킨다

사회는 약속을 기반으로 해서 세워진다. 루소는 그의 저서 사회계약론에서 사회는 계약에 기초해서 이루어진다고 할 정도로 사회는 계약으로 성립되고 유지된다. 법과 사회적 규율은 국민 모두가 지켜야 하는 공공의 큰 약속이다. 또 학교나 직장의 공부시간, 근무시간들도 다 약속이다. 학생은 아침 8시에 등교하고 직장인도 하는 일에 따라 몇 시까지 일터로 나가서 일정시간 일하고 몇 시에 퇴근한다고 약속이 되어 있다. 우리는 이러한 약속들 속에서 산다. 공공의 약속이나 큰 약속들도 둘 사이의 약속 혹은 몇 사람의 약속인 개인적 약속으로부터 시작된다. 그러므로 우리는 약속의 중요성을 되새기며 약속을 잘 지키도록 스스로 다짐해야 한다.

약속은 우선 신의의 좋은 중매 또는 매개체가 된다. 중매나 매개체는 갑과 을 양자 사이를 맺어주는 역할을 한다. 약속을 잘 지키면 쌍방 모두 상대방을 신뢰하는 좋은 관계로 맺어진다. 처음 보는 사람은 믿어야 할지 잘 모른다. 여러번 만나면서 그 사람이 약속을 잘 지키면 믿을만한 사람이라고 신뢰하면서 사귀거나 함께 일을 한다. 약속이 없으면 서로 신뢰할 수 있을지 모르기 때문에 신의로 맺어지지 못한다.

약속은 한편으로는 신의의 엄한 스승이 된다. 스승은 모르는 것을 가르쳐주기도 하고 잘못을 꾸짖을 수가 있다. 스승이 꾸중하는 것은 제자의 잘

못을 지적하여 제자가 앞으로 잘하라고 그러는 것이다. 약속을 잘 지키면 신의가 생기며 약속을 어기면 사람들에게 질책을 받으므로 약속은 스승과 같다. 제자가 스승에게 꾸지람을 듣는 것을 꺼리면 안 되는 것처럼 약속을 어김에서 오는 불이익을 감수하며 장래에는 약속에 어김이 없도록 다짐해야 한다.

약속은 신의가 형성되어 흐르게 만드는 신의의 발원이 된다. 의로워야 서로 깊이 또 오래 믿으므로 의로움은 신의의 뿌리가 된다. 의로운 마음으로부터 시작해서 여러 사람과 일을 할 때는 어떻게 하자는 계획을 세우고 그것을 이루기 위해서 너는 뭐하고 나는 뭐하고 누구는 뭐하자고 약속을 하게 마련이다. 일을 시작할 때 맺은 약속을 성실하게 이행해나가야 그 일이 잘 진행되고 신뢰가 쌓이므로 약속은 신의의 발원이 된다.

사람은 약속을 지키는지를 보고 다른 사람의 인격을 평가하며 인격은 영혼이나 마찬가지이다. 어떤 사람은 약속시간에 30분이나 한 시간씩 맨날 늦는 사람이 있다. 그런 사람은 약속을 몰라서 한 30분 늦는 것이 대수로운 일이냐고 생각한다. 자기 관점에서는 별일 아니지만 기다리는 사람은 자기 시간을 30분 빼앗긴다. 그러면 기다리면서 무슨 생각을 할 것인가. 처음일 경우에는 그 사람이 나를 무시하나 하고 생각한다. 약속을 매번 어기면 그 사람 인격은 그 정도밖에 안 된다고 생각하고 그 사람의 결점을 헤아리게 된다. 일이 없다면 굳이 그 사람을 다음에는 만나지 않는다. 세상에는 그 사람 말고도 만날 사람들이 많다. 사람들은 약속을 안 지키는 사람을 마치 없는 사람처럼 생각하게 되므로 그 사람의 영혼은 다른 사람들에게 무시당하는 것이다. 반면에 상대방이 작은 약속이라도 잘 지키면 존중받는 느낌을 가져서 그 사람을 더욱 신뢰한다.

약속 지키기가 얼마나 힘든지 사람들이 경험으로 알기 때문에 약속에 대한 여러 가지 금언들이 많다. 스위프트는 '약속과 파이는 깨지기 위해서 만들어졌다'라고 하며 약속 지키기의 어려움을 호소했다. 그러므로 약속 보기를 귀중한 보배를 감상하듯 살피고 또 살펴서 약속하고, 지키지 못할 약속은 아예 하지 말고 약속을 한번 했으면 목숨과 같이 지켜야 한다. 바쁜 날과 시간에 맞춰 사물을 깨끗이 마치면 어긋남도 없고 착오도 없이 약속을 지킨다. 이미 약속해놓고 이간을 당해 그치거나 괴로움을 싫어해 그치거나 미루어 옮겨 그치는 것을 스스로 경계한다.

신의는 사회를 조화(造化)한다

신의는 상대에게 믿음을 주어서 상대방이 나에게 다가오도록 하고 사람들은 신의 위에서 서로 같이 살 수가 있다. 집 지을 때 집이 무너지지 않게 하려고 기초공사를 한 다음 믿을만한 주춧돌을 깔고 그 위에 대들보를 세운다. 신의도 이와 같은 주춧돌이나 마찬가지이다. 탄탄한 주춧돌과 대들보로 지어진 집 속에서 우리가 편안히 살 수가 있고 그 안에 치장도 하고 사랑의 보금자리를 마련할 수 있다. 믿을만한 주춧돌처럼 내가 신의가 있어서 믿을만해야 다른 사람들이 나를 찾아온다. 물건도 제 성능을 발휘하면서 고장 나지 않고 오래 사용할 수 있어야 사람들이 잘 사 간다.

신의를 바탕으로 법과 제도가 성립되고 사람들이 계약을 하면서 사람일을 하고 국가와 가정을 이루므로 신의는 사회를 만들어 되게 하는 사회 조화(造化)의 덕목이 된다. 사회에 신의가 있으면 사람들이 하늘이치에 합하여 어디나 계시는 하느님과도 통하며 사회도 하나로 통한다. 하느님이 하늘과 세상과 만물을 창조한 후에 교화와 치화를 하는 것처럼 사람도 먼저 사회를 조화한 후 교화와 치화도 가능하다. 국가가 망하여 국가가 없어지면 그 국가의 교화와 치화도 없어진다.

사회 교화

제96일 사랑[愛]
사랑이란 자애마음의 자연이고 어진성품의 본질이며 여섯 범주와 마흔세 둘레가 있다. (愛者 慈心之自然 仁性之本質 有六範四十三圍)

사랑은 일체화하고자 하므로 상대방보다 나에게 우월한 점이 있으면 상대방도 나와 동등한 수준으로 되기를 바라면서 상대방을 도와주거나 가르쳐준다. 그러므로 사랑에 교육이 자연스럽게 포함된다. 협력하기 위해서 다른 사람들에게 기능이나 이치를 가르칠 수 있다. 그러나 그러한 교육은 대가성 교육이어서 이후에 피교육자는 교육받은 만큼 일을 해줘야 한다. 사랑은 내 재화와 노력을 들여서 피교육자가 성장하도록 교육하고자 한다. 물론 스승도 생계를 이어야 하므로 교수비용을 받지만 그 근본은 사랑이다. 제도권 교육에서는 사물의 이치를 이해하고 생계에 중점을 둔 교육을 하기에 사랑은 그 교육에 보조적인 역할을 한다. 교육자가 피교육자를 사랑하면 교육에 열의가 생겨서 교육을 더 잘하게 된다. 피교육자도 교육자를 사랑하면 더 집중해서 배움의 효과가 높아진다.

자애마음은 부족한 사람들에게 가르쳐주고자 하는 마음을 포함하고 있어서 교육을 포함한다. 부모들이 자기와 자식들이 먹고살 만큼 충분한 재물이 있어도 자식들에게 교육을 받게 하고 자신은 쓰지도 먹지도 못하면서도 자식 교육에 정성을 다 쏟아부으니 자애마음은 교육시킴을 단적으로 볼 수 있다. 어짊은 사랑을 바탕으로 배움에서 이루어진다. 그러므로 사랑을 실천하는 자애와 어짊 속에 자연스럽게 교육과 배움이 포함된다.

사랑에 속한 여섯 범주는 동정[恕]과 포용[容], 베풂[施]과 육성[育], 가르침[敎]과 기대[待]이다. 이 범주들의 일을 하기 위해서는 교화가 필요하다.

사랑을 잘하려면 잘 알고 헤아릴 줄 알아야 한다. 상대방이 무슨 생각을 하는지 이해하지 못하면 헤아릴 수도 없고 포용할 수도 없어서 사랑할 수가 없다. 파라켈수스는 '아무것도 모르는 사람은 아무것도 사랑할 수 없다. 이해하는 자는 또한 사랑하고 주목하고 파악한다' 라고 말했다. 집에서 기르는 반려견과의 사랑을 생각해보면, 사람이 훨씬 많이 알므로 주인이 개를 먹여 살리고 아프면 치료하고 놀아주고 해서 반려견이 오래 살게 한다. 개는 개 수준에서 주인을 이해하고 보통은 잘 따르는 정도로 사랑한다.

남을 도와주고 싶은데 어떻게 도와주어야 할지 그 방법을 모르면 도와주지 못한다. 생계뿐만 아니라 영적으로 그 사람이 잘 되게 하려면 지식과 경험이 있어야 한다. 가르치는 방법도 알아야 잘 가르치고 기르는 것도 잘 알아야 기른다. 또, 정신적인 문제가 생기면 그 정신상태를 대화로 파악하기도 어렵게 되어서 병원에 간다. 돈을 주고라도 해결이 되면 다행이다.

무엇이고 잘 알면 애착이 가고 사랑도 하게 된다. 집안에서 매일 쓰는 물건은 사용하는 데에도 필요하기도 하고 오래되어 잘 알아서 아끼고 사랑하는 마음을 가진다. 건물에 대해서 배우고 건물에 대해 잘 아는 사람은 건물의 아름다움을 감상할 줄 안다. 보통 사람들이 사람의 얼굴이나 일상의 옷의 아름다움에 관심을 가질 때 건물에 대해 잘 아는 사람은 건물의 아름다움에 관심을 가지고 건물을 감상하는 시간을 많이 가진다. 이처럼 사람은 자기가 아는 것에 대해 주목하고 사랑한다. '아는 만큼 보인다' 라는 말이 있는데 사람은 아는 만큼 보이고 또 사랑한다.

사랑의 첫째 범주 동정은 남의 처지를 내가 당하는 것처럼 남에게 관심을 가지고 헤아려주는 일이므로 배워서 많이 알아야 한다. 남의 과거와 장래의 잘못을 바로잡아 올바른 길로 인도하기 위해서도 많이 배워서 알아야 한다.

둘째 범주 포용은 만물을 포용하기를 바다와 같이 넓고 큰 산과 같이 크게 하라 함이다. 넓게 포용하려면 더 많이 알고 경험해야 이해하고 포용할 수 있다. 교육은 모자라고 또 다른 점이 있는 사람에게 하는 것이므로 포용에 배움이 있으면 더 크게 포용할 수 있다. 배우는 사람의 입장에서도 포용하고 수용하는 자세가 있어야 새로운 것을 배운다. 거부하거나 무시하면서 대상을 포용하지 않는다면 배우지도 못한다. 그래서 포용에는 교육이 포함되어 있다.

셋째 범주 베풂은 사랑의 실천으로 물질을 나눠주어 궁핍을 구하고 덕을 펴서 성품이치를 밝힘이다. 베풂에 물질적 베풂뿐만 아니라 성품이치를 밝힘이 포함되어 있다. 성품이치가 밝아진다는 말은 하늘성품을 공부하고 그 성품대로 사람이 서로 사랑하면서 남과 내가 하나임을 인식하게 되는 것이다. 성품이치를 밝히는 도가(道家)에서는 천하에 착함을 알리고 악함을 교정해서 천하 사람들이 올바른 길로 가도록 인도하는 교화를 한다.

넷째 범주 육성은 사람을 하나의 기준으로 교화하여 그 산업을 보존하게 하는 일이다. 사람들이 생업을 보존하도록 성품기운과 성질을 안정시키고 마음을 굳게 하고 뜻을 안정시키도록 교화하여 산업을 보전하도록 한다. 그런 후 사람들이 산업에 근면하도록 권장하고 게으르지 않도록 경고하며 교화에 나아가도록 하고 교화가 미치지 못한 곳에 교화를 베푸는 일이다.

다섯째 범주 가르침은 윤리와 도학을 가르치는 일이다. 산업에 필요한 기술이나 학문이 아니라 수신에 대한 가르침으로 글자 그대로 교화한다.

여섯째 범주 기대는 배태부터 취업의 마침까지 양육하며 앞날을 기대하므로 기대하면서 성장시키고 교육한다.

사람은 생계를 유지하며 배불리 먹어 만족하는 존재가 아니라 교육을 받아 정신적으로 성장해야 사람답게 된다. 이런 의미에서 사랑은 교육을 넘어서 가르쳐 되게 하는 교화를 한다고 할 수 있다.

사회 치화

제146일 구제[濟]
구제란 덕이 착함을 갖춤이고 도가 힘입어 미치는 것으로 네 규범과 서른두 모범이 있다. 濟者 德之兼善 道之賴及 有四規三十二模

덕은 남이나 사물을 나와 같이 하나로 여김이다. 착함은 사물을 볼 때 착한 마음이 말과 행동으로 나타난다. 내가 아무리 마음이 착하다고 해도 그 마음이 평소 말이나 행동으로 표출되어야 남들이 나보고 착하다고 한다. 덕이 착함을 겸하면 하나로 여기는 마음이 표현되어서 사람들을 이롭게 한다. 여기에 방법도 갖추면 구제를 할 수가 있다. 도에는 방법의 의미가 내포되어 있다. 어떤 목적지에 이르는 길을 알고 있는 사람은 그 가는 방법을 알고 있다는 말도 된다. 그래서 어떤 한 분야에서 다른 이들이 모르는 심오한 방법을 터득한 이를 도가 텄다고 한다. 경전에서도 제152일 무시간(無時間)의 '밝은이가 덕으로써 사물을 구제함에 좋은 방도[道]를 준비하여 어느 때나 제공하므로 그 훈훈함은 봄의 따사로움 같아서 남은 얼음이 스스로 녹는다' 구절과 같이 도를 방도로 사용한 용례가 있다. 방도를 준비해놓으면 비상시에 대처할 수 있다.

사람이 덕만 있고 도가 없으면 구제를 하고 싶어도 그 방법을 몰라서 구제가 적합하게 되지 못한다. 착한데 사업하면 실패하는 사람은 덕은 있어도 방도를 모르는 사람이다. 마음은 친절해서 누가 길을 물을 때 확실하지 않은데도 아는 대로 알려주다가 틀린 길을 알려주면 상대방은 길만 헤매게 된다. 이처럼 구제는 방도를 알아야 가능하다. 또, 도만 있고 덕이 없으면 방법은 알아도 도와줄 마음이 안 생겨서 구제를 행하지 않는다. 옆에서 아무리 사람 죽는다고 해도 덕이 없으면 도와주지 않아서 옆사람이 덕을 못 본다.

경제적 구제는 물질을 직접적으로 공급해주기보다는 대중 스스로가 의식주를 해결하는 방법을 가르치는 것을 중시한다. 물질 자체를 제공하는 경우는 사람이 재난을 당했거나 재물이 없어 당장 곤란한 경우에 한한다. 정신이 바르고 생활태도가 건전하면 물질도 따르므로 좋은 생활 습관과 근로가 중요하다.

자기의 생계를 준비하지 않고 도덕과 위신만을 주장하면 조선 시대의 양반들처럼 위선적으로 될 가능성이 있다. 양반들은 사농공상이라고 해서 글만 읽고 관직으로 받는 녹봉 외에는 산업을 경영하지 않으면서 모든 권력과 물질을 교묘하게 다 차지하고 일반 평민들을 수탈하여 그들을 가난과 차별의 도탄 속에 내몰았다.

구제에 속한 네 규범은 그 내용이 세 부분으로 나뉜다. 때와 땅은 생계와 산업을 유지하게 하는 요령이다. 차례는 부족함과 재난을 순서 있게 구제함이다. 지혜는 생계와 위급한 재난이 해결된 후의 좋은 생활습관과 정신적인 구제를 목표로 한다.

때

시간은 두 가지 관점에서 파악될 수 있다. 첫째는 누구나 똑같이 흘러가는 단위로서의 시간이다. 이 시간은 한 시간 두 시간 지나고, 하루 이틀 가고, 일 년 이 년 등으로 세어진다. 시간은 누구에게나 언제나 공평하게 하루 24시간씩 주어져서 되돌릴 수도 없고 멈출 수도 없고 늘이거나 줄일 수도 없고 저축할 수도 없다. 개개인이 노력하거나 선택하지 않아도 매일매일 공짜로 시간이 새롭게 주어지므로 어떤 사람은 시간을 적극적으로 사용하거나 배분하려는 의식을 가지지 않는다. 그런데 자기도 모르게 순식간에 흘러가는 게 시간이다. 쇠털같이 많은 날이 있는 것처럼 보여도 지나고 나면 다시는 돌아오지 않으니 허송세월로 보내는 것은 어리석은 일이다.

다른 자원을 사용할 때 반드시 시간이 동시에 사용된다. 놀이나 일을 할 때 시간이 있어야 할 수가 있다. 개개인이 자신의 능력을 발휘해서 일을 하거나 돈을 쓰며 놀이를 하고자 해도 시간이 없다면 자기 능력이나 돈과 같은 자원을 사용할 기회가 없게 된다. 이렇게 일이나 놀이를 할 때 필요한 시간의 개념이 시간의 두 번째 개념인 때이다. 점심때라고 하면 점심식사하는 시간이라는 뜻으로 점심식사라는 행위와 시간이 결합된 말이다.

자기가 재미있는 일을 하거나 무슨 일에 몰두하고 있을 때에는 시간이 언제 가는지도 모르게 금방 간다. 그러나 사랑하는 사람을 애타게 기다릴 때나 재미없는 이야기를 들을 때처럼 지루할 때는 시간이 일일여삼추와 같이 느리게 간다. 이런 의미의 때를 서양사람들도 다른 단어로 표현한다. 그리스 신화에 보면 시간과 때를 의미하는 신들의 이름이 있다. 어떤 일이든지 때가 아니면 잘 성사가 되지 않는다. 농사도 때에 맞춰 지어야지 농사에 때를 잃으면 식량을 마련할 수가 없다.

때를 놓치면 돌이킬 수 없으므로 구제에는 차례대로 하고 때를 잘 맞춤이 중요하다. 드릴 영화를 보면 아슬아슬한 순간에 절묘하게 주인공이 나타나서 상대방을 구출하는 경우가 많다. 평상시의 구제는 이러한 영화들 같이 긴박하지는 않으나 구제의 때를 잘 맞추어야 구제가 제대로 될 수 있다. 사람이 병들어 죽기 전에 약을 쓰면 살 것을 때를 놓쳐 사후약방문해봐야 살릴 수가 없다. 또 비가 많이 와서 논에 물이 가득 차 있는 때에 또다시 논에 물을 대려고 하거나 비가 오는 날씨에 세차를 열심히 한다면 헛된 노력을 들이는 것이다.

경전은 구제가 때에 반드시 맞아야 함을 세 종류나 되는 비유로 설명하고 있다. 첫 번째는 겨울과 여름의 계절에 따라 다르게 날아오는 철새 제비와 기러기에 비유한다. 제비는 물에서 서식하는 여름 철새이고 기러기는 물가에서 서식하는 겨울 철새이다. 봄이 오면 여름을 나기 위해서 강남에서 제비가 날아온다. 이때 겨울을 여기서 지낸 기러기는 여름을 나기 위해서 시원한 북쪽 나라로 날아 떠난다. 구제와 때가 안 맞으면 이처럼 계절도 안 맞고 서식지도 안 맞는 다른 종류의 철새가 서로 만나지 못하는 것처럼 어그러진다. 겨울철에 따뜻한 난로를 방에 피워놔야 하는데 선풍기를 거실에 내놓고 틀고 있으면 그 구제가 때에 맞지 않는 것이다.

두 번째로 구제가 때에 맞지 않으면 물과 산이 서로 멀어져 감으로 비유한다. 물은 낮은 곳으로 흐르고 산은 높은 곳으로 달린다. 산길은 물길에 의해 끊어지며 물은 산을 돌아 흐른다. 물이 비가 되어 산 위에 떨어져도 그 물은 자꾸만 아래로 흘러서 산을 떠나 멀어져 간다. 난리가 났는데 복구장비가 늦게 도착할수록 효용가치가 감소한다. 항시 알고 있어야 하는 소화전이나 구명조끼 등의 장비들의 사용법을 배워 알고 있다가도 사고가 오랫동안 안 나게 되면 잊어버리게 된다. 이는 구제의 때가 이르지 않았기 때문에 점차 그 장비에 관한 관심이 멀어진 것이다.

세 번째로 구제와 때가 맞지 않음이 몸을 싸는 털과 껍질의 다름에 비유한다. 피부에 털이 나는 동물들은 육지에서 서식하며 털로 차가운 공기로부터 보온을 하고 흙 등으로부터 피부를 보호한다. 반면에 거북이나 악어같이 두꺼운 껍질을 덮고 있는 동물들은 물에서 서식해서 물에 젖지 않으면서 몸을 보호하고 적의 공격으로부터도 보호한다. 이렇게 털과 껍질은 판이하게 다른 방법으로 몸을 보호한다. 구제가 때에 맞지 않으면 이처럼 그 성질이 달라서 사용하지 못하게 된다. 유치원생에게는 인형이나 장난감 자동차를 주면서 놀아라고 하면 잘 놀지만 축구공이나 농구공 주면서 놀아라고 하면 잘 놀지 못한다.

구제는 각 산업에 맞게 해야 하고 사람이 병들거나 곤란해지지 않도록 때에 맞춰서 대처해야 한다. 농사에 때를 잘 맞춰서 파종하고 농약과 비료 주는 것이 중요하다. 병이 들지 않기 위해서는 바른마음과 맑은기운을 가지게끔 올바른 생활습관을 가져야 한다. 좋은 음식에 좋은 옷만을 탐하면서 일을 게을리 하다가는 겨울에 얼어 죽을 수 있으니 검소하게 생활하면서 열심히 일해야 한다. 살다 보면 넉넉할 때도 있고 생활이 힘들 때도 있는데 그 다른 시기마다 구제 방법도 다르다. 넉넉할 때는 지혜를 쌓고 준비를 많이 해두며 천재지변이나 병들 때를 대비하며 덕을 베풀어서 인망을 쌓아야 한다.

땅

땅에 따라 땅의 지질도 다르고 기후도 달라진다. 지구상의 위도와 경도에 따라 온대지역이나 사막, 한랭지역, 산악지역인지 해양의 섬인지에 따라서 농업이나 상업, 어업, 공업 등 다 다른 산업을 영위하게 된다. 지역 경제의 특성에 따라 사람의 성격도 달라지므로 구제의 방법도 달라진다. 땅 성질이 구제의 이치에 안 맞으면 큰 바퀴가 가는데 굽음과 갈라짐이 있게 된다. 이치와 질이 서로 맞지 않으면 구제의 큰 바퀴가 굴러가는 데에 굽음과 갈라짐이 있다. 굽음이란 것은 올바른 길이되 꼬불거리는 길이므로 구제를 이루는데 지체됨이 많고 힘이 드는 경우이다. 갈라짐은 올바른 길인지 아닌지 몰라서 어느 때는 올바른 길로 갔다가 어느 때는 틀린 길로 가면서 무작위로 구제가 이루어지므로 구제가 잘 이루어지지 않는 경우이다.

농사짓는 사람들의 성질은 땅 성질을 닮아가므로 그 성질을 순화시키기 위해서 보완이 필요하다. 땅이 무르면 사람의 성질도 유약해져서 꽃나무를 심고 깊은 우물물을 마시게 하여 지조가 있게 한다. 땅이 강하면 사람들이 억세게 땅을 갈아야 해서 그 마음도 강포해지므로 흐르는 물을 마시게 하고 부드러운 버드나무를 심어 부드럽게 한다. 땅이 비옥하면 사람의 성질도 화평하게 되므로 하늘성품을 이루게 하여 부근까지 파급시킨다. 하느님은 자연 현상을 변화시키며 사람의 귀천을 변화시킴으로써 사람의 지혜를 트이게 하고 성품이 통하게 한다. 올해는 이곳이 가뭄 들고 내년에는 저곳이 장마진다고 해도 하느님을 원망하지 말고 그 뜻을 헤아려 지혜를 기르고 성품을 돌아봐야 한다. 하늘은 황무지에 사람 사회를 열어 교화하기를 신성한 이로부터 시작하여 지혜로운 이로 보좌하게 하며 우매한 이로 잇게 한다. 땅의 치화와 교화에서 하느님은 직접 현시하지 않고 자연 현상과 신령과 사람을 통해서 일을 이룬다.

때를 알고 땅을 알아서 생계 구제를 하기 위해서는 자연과 사람에 대하여 오랜 세월 동안 관찰하면서 지식을 축적함이 필요하다. 즉, 해와 달의 운행이나 지질, 생물 분포, 인체 등에 대한 이치를 연구해야 한다. 과학적 지식의 도움이 있으면 생계에 대한 구제가 용이하게 된다. 그러므로 형이상학적 관념으로 과학적 관찰을 무시하거나 왜곡하면 안 된다. 도학은 하느님의 도를 배우는 학문이므로 하느님이 창조한 자연과 만물에 대한 이치인 과학적 이치를 포함한다.

차례

구제에 차례가 있어야 하는 이유는 2가지가 있다. 먼저, 사람의 인력이나 능력과 재물 등에 한계가 있어서 한꺼번에 다 구제할 수가 없기 때문이다. 그래서 급한 순서대로 구제해야 한다. 불에 타는 사람, 물에 빠진 사람, 거꾸로 매달린 사람들이 있으면 다 구해야 한다. 그런데 사람은 혼자여서 한 번에 다 구할 수 없다면 순서를 생각하고 정해서 구해야 한다. 불에 타는 사람을 먼저 구하고 다음에 물에 빠진 사람을 구해야 하고 맨 나중에 거꾸로 매달린 사람을 구해야 한다. 거꾸로 매달린 사람을 먼저 구하다 보면 불에 타는 사람은 이미 크게 상하니 구제의 순서가 잘못된 것이다. 나라에서도 어려운 사람이 무수하게 많지만 재정에 한계가 있으므로 순서를 정해서 가장 어려운 사람부터 정한다. 태풍이나 지진 등과 같은 예기치 못한 재난이 일어나서 사람들이 피해를 보았다면 그 피해 정도를 감안해서 재난지역을 선포하고 재난에 대한 복구비를 마련해준다. 예로부터 정부는 이러한 구제시책을 벌였다. 고구려 시대에도 고국천왕 때 명재상 을파소가 춘궁기에 양곡을 백성들에게 나눠주고 가을에 갚게 하는 진대법을 시행했다. 고대 로마에서도 아무 재산도 없이 다만 아들만 있는 사람들을 프롤레타리아라 하면서 이들에게 양식도 나누어주면서 구휼했다. 가정이나 회사에서도 제한된 수입에 해야 할 것과 하고 싶은 일들이 많다. 그래서 의식주와 교육, 기타 생활비, 여가활동비 등 여러 가지 항목 중에서 꼭 필요한 것부터 생각하고 얼마만큼 쓸지도 계산해서 지출한다.

다음으로 구제는 정해진 순서대로 해야 제대로 구할 수 있다. 형세를 살펴 베풀고 마땅함을 헤아려 결정하여 다시 계산함이 없는 것을 이가 있고 뺨이 있음같이 해야 한다. 이와 뺨이 뒤바뀌어 있으면 이는 씹지 못하고 뺨은 이를 보호할 수 없다. 차례가 어긋나면 일을 해도 무슨 일이든지 잘 이루어지지 않거나 아니면 어렵게 이루어진다. 수학 문제 풀이도 순서가 뒤바뀌면 엉뚱한 답이 나오고 바둑도 수순이 뒤바뀌면 내 돌이 불리하게 되는 것처럼 구제도 차례대로 해야 한다. 교육에서도 쉬운 것부터 가르쳐서 차츰 어려운 문제로 단계적으로 가르쳐야 교육이 된다. 119가 재난 신고를 받고 와서 구하고 이송할 때, 미리 생각해놓은 구제의 순서대로 해야 한다. 먼저 현장에서 간단한 응급처치를 해야 하고 운송할 때 몸이 움직여 다친 곳이 더욱 나빠지지 않도록 단단히 고정해야 한다. 이러한 차례를 어기면 힘들게 와서 실어날랐는데 나르는 도중에 흔들려 부러진 뼈가 더 어긋나 버린다든지, 엎어져서 코가 막혀 숨을 못 쉬는 일도 발생한다.

재난구제는 시급하게 해야 한다. 제167일은 '급한 재난은 시간을 다투고

느린 재난은 날을 다툰다. 시간도 날도 아니면 급한 일이 아니다라고 해서 급한 재난은 일시를 다투므로 빨리 구해야 함을 가르친다. 지금 불이 났는데 사람의 도움을 먼저 청한다고 우왕좌왕하거나 이것저것 생각하다가는 다 타버린다. 빨리 물을 붓든지 이불로 덮든지 해서 초기에 진화해야 한다. 재난구제를 서두르지 않으면 이미 늦어버려서 재난 상황이 종료되거나 아니면 재난이 커져 호미로 막을 것을 가래로 막아야 한다.

이웃이나 다른 멀리 있는 사람들의 재난이라도 자기가 당한 것처럼 생각하고 사람을 사랑하는 마음을 지니고 구제해야 한다. 이러한 구제에는 희생이 따를 수도 있다. 차에 치이려고 하는 사람을 보고 달려들어 그 사람은 구하고 자기는 희생되는 예도 있다. 그럴 정도까지는 아니어도 여유가 닿으면 자기 시간을 내고 자신의 재물도 좀 보태어 피해자나 이재민을 구해야 한다.

재난구제에 가장 좋은 방법은 유비무환이다. 힘이 있고 시간이 있을 때 두레박을 미리 준비했으면 되는데 준비 없이 있다가 우물에서 두레박이 없어서 물을 못 길어 먹는다. 한번은 주위의 도움을 받을 수 있으나 다시 또 준비하지 않으면 은혜의 손길을 기다리기 어렵게 된다. 목민심서 애민 6조 재난구제 중에 유비무환으로 갑자기 당하는 재앙을 대비한다는 항목이 있다. 집 태우고 불끄느라 머리 그슬리고 이마에 화상을 입는 수고를 당하지 말고 미리 굴뚝을 수리하고 나무를 불에서 멀리 놓으라 했다. 요즈음엔 집집마다 소화기를 비치하고 정기적으로 검사해서 불날 때를 대비한다. 유비무환하면 일석이조의 효과를 보는 경우도 있다. 저수지에 제방을 쌓으면 홍수도 대비하고 그 물을 농업용수로도 사용하게 되어 일석이조이다.

재난을 당해 목숨이 경각에 달려 있는 사람을 보고 우선 달려들어 구해야 한다. 물에 빠져 사람이 허우적거리고 있는데 구하지는 않고 '침착하시오'라고만 하면 허우적거리는 사람이 뭐라고 하겠는가. 또 물에 빠진 사람도 목숨을 구해달라고 남에게 구제를 요청해야 한다. 자존심이 강해서 금방 죽게 생겼는데도 구해달라고 하지 않거나 도움의 손길이 오는데도 뿌리치면 안 된다. 그리고 솔직하게 표현해야 한다. 물에 빠져 허우적거리면서

하느님과 사람의 조응

도 배웠다고 '인간구제, 인간구제' 라고 하면서 문자 쓰고 있으면 옆에 있는 사람들이 '별로 급하지 않은가보다' 라고 생각하거나 농부와 같이 글을 읽지 않는 사람들은 아예 못 알아듣고 자기 하던 일을 할 것이다. 위급하면 '사람 살려' 라고 알아듣기 쉽고 정확한 표현으로 구제를 요청해야 한다.

경전은 어리석은 이와 완악한 이를 먼저 구제하라고 한다. 영리하고 원만한 사람은 스스로도 잘할 수 있는 사람들이며 이러한 사람들을 구제하는 일은 급하지 않다. 급한 것은 뒤떨어지는 사람들을 이끌어주는 일이다. 만약 이들을 구제하지 않으면 나중에 이 사람들이 나쁜 길로 접어들고 사회에 어두운 그늘이 만들어진다. 후에 그 그늘을 다시 원상복귀하여 양지로 만들기 위해서는 초기에 교육시키는 것보다 가정적으로나 사회적으로나 부담과 비용이 훨씬 많이 든다. 현대에는 중고등학교까지 의무교육이 되어서 충분히 가르치는 시스템이 마련되어 있다. 다만, 학교에서 선생들은 뒤떨어진 아이들을 특별히 더 시간을 들여서 구제해야 한다. 학습에 뒤떨어지는 아이들을 사랑으로 이끌어 주고 예의를 모르는 완골을 가르쳐서 염치를 알게 하고 예의 바르게 해야 한다. 그래야 아이들이 제대로 커서 사회에 어두운 그늘이 작아진다.

정약용은 재난을 당한 피해자들의 정신적인 위로와 치료에 대해서도 언급했다. 재난을 당한 사람들은 상실감에 심리적 고통을 받고 외상을 당하면 그 후유증에 시달리게 된다. 정부나 지자체에서 이를 치료하기 위해서 재난심리지원 사업을 해서 돕고 있지만 친척이나 친지 등 가까운 사람들이 찾아가 위로해주는 것이 더욱 좋다.

구제는 경제적인 면과 도덕적인 면을 고루 갖추어서 해야 한다. 제169일 합동(合同)의 '온 세상이 덕의 뜻만 숭상하면 물질이치는 없고 온세상이 물질이치만 숭상하면 덕의 뜻은 없게 된다. 이러므로 밝은이는 사람구제에 덕과 물질을 같이 하여 때를 짐작한다.' 라고 가르친다. 자기의 생계를 준비하지 않고 도덕과 위신만을 주장하면 경제적인 면은 도외시하고 덕의 뜻만을 생각하는 것이다.

지혜

생계와 위험으로부터 구제되면, 사람이 사람답게 성품을 돌아보며 수행해서 영혼을 구제해야 한다. 구제의 궁극적인 목적은 우리의 영혼 구제이므로 먹고사는 산업이 해결된 후에 생활습관을 바르게 하고 정신적으로 지혜롭게 영혼을 구제한다.

지혜란 사물의 이치나 상황을 제대로 깨닫고 그것에 현명하게 대처할 방도를 생각해 내는 정신의 능력이다. 이러한 지혜는 누구나 경험과 지식을 통하여 일생을 통해 서서히 쌓을 수가 있다. 역사적으로 유명한 일화로 아이의 엄마가 누구인지에 대한 솔로몬의 재판을 들기도 한다. 재판에서 솔로몬은 아이를 살리라고 한 여자가 진짜 엄마라고 판정한다. 그래서 그가 지혜가 있다고 하는데 이 경우는 지혜도 있으나 그보다는 재주가 있다고 해야 맞다. 머리가 좋아 기발한 판정을 하는 재주가 있었던 것이다. 위급할 때 이러한 아이디어를 생각해 내는 것은 차선의 지혜이고 위급한 상황이 닥치기 전에 미리 준비해놓는 것이 가장 지혜로운 것이다. 평시에 백성들에게 교화를 잘해서 백성들이 염치를 알게 하여 남의 아이를 자기 아이라고 하는 여자가 나타나지 않게 함이 진실로 지혜가 있다고 할 것이다.

사람이 평시에 미리미리 저축해 놓아서 병이 나거나 사고를 당할 때처럼 위급한 상황에 그 돈을 쓴다면 지혜롭다. 그런데 저축도 안 하고 다 써버리고서는 급전이 필요하면 여기저기 돈 빌리다가 묘안을 짜내서 간신히 돈을 빌려 위기를 모면했다고 하면 난관을 헤쳐나가는 지혜가 약간 있기는 하지만 평소에 저축해 놓는 것보다는 어리석은 것이다. 마찬가지로, 평소에 사람들에게 친절하게 대하여 인망을 쌓아놓으면 자기가 힘들 때 남의 도움을 받을 수가 있다. 그러한 인망이 없이 위급함을 당한다면 남의 도움을 얻기 위해서 교묘한 아이디어를 짜내어 타개해야 한다. 손자는 싸우지 않고 이기는 것이 최선이고 싸워 이기는 것은 차선이라고 말했다. 지혜도 어렵게 위험을 무릅쓰지 말고 사전에 방지함이 최선이다. 좋은 아이디어란 떠오를 수도 있고 안 떠오를 수도 있다. 만약에 위급할 때 좋은 아이디어가 떠오르지 못한다면 그대로 앉아서 당하는 것이니, 그것이 어찌 지혜롭다고 말할 수 있을 것인가. 경전에서 가르치는 지혜는 최선의 지혜로 평시에 쌓는 지혜이다. 그래서 밝은이는 하늘이치를 밝히고 하늘도를 서술해서 하늘을 대신하여 설비해놓는다. 또, 욕심을 줄이며 고질과 나쁜 버릇을 물리치고 좋은 습관을 들여 평소에 미리미리 복을 부르는 생활을 하고 자기 자신은 자기가 구제하고 수행한다.

경전은 '지혜는 지식과 재주를 가르치는 선생' 이라고 한다. 사람에게 지식이나 재주도 필요하지만 지혜가 있어야 제대로 된 지식이 되고 재주가 된다. 선생이란 모르는 이치를 가르쳐주고 무슨 지식과 재주가 필요한지 알려주어 필요한 지식들이 모이게 하고 유용한 재주를 연마시키게 한다. 지식은 우리 생활에 필수적인 것이어서 중요하다. 어떤 사람들은 지식을 비하하며 지혜만이 최상이라고 한다. 그러나 모르면 흑암에 사는 것이나 마찬가지이고 몰라서 큰 곤란을 당하기도 한다. 손자도 전쟁에서 지피지기면 즉 자기를 알고 남을 알면 백전백승한다고 했다. 이 말은 요즘처럼 정보화 사회에 더욱 해당하는 말이다. 경쟁 회사의 기업비밀을 알아내면 그 회사를 이길 수 있는 것이며 남이 모르는 사실을 알면 편안한 생활을 할 수 있다.

현대는 정보의 홍수 속에 산다. 정보는 지식의 일종으로 넘쳐나는 정보 중에서 어떤 것을 선택할 것인지를 지혜가 판단한다. 사람이 컴퓨터 메모리에 저장하듯이 지식을 외우기만 하면 그 사람은 단지 데이터만 저장하는 기계와 같은 사람일 뿐이다. 박식한데 그 지식의 앞뒤를 연관시키지 못하고 활용하지 못한다면 알지 못하는 것이나 똑같고, 지혜가 없어서 그 지식은 죽은 지식이나 다름없다. 암기력을 타고나 사진 촬영하듯이 암기해서 사전 한 권을 며칠 만에 외우는 사람도 있다. 그런데 그 앞뒤는 잘 이해하지 못한다면 그 사람은 지식은 많이 축적할 수 있지만 지혜가 부족해서 그 지식을 현실생활에서 응용하기가 어렵다.

지식은 가치중립적이어서 좋고 나쁨이 없이 단지 알고 모르고 하는 것이다. 아는 것이 많아도 이것을 선택할지 저것을 선택할지 갈팡질팡할 때가 많다. 각 경우마다 근거가 있고 이론이 있기 때문이다. 인생사 대부분이 이걸 선택해도 그 나름대로 이유나 이론이 있고 저걸 선택해도 또한 나름대로의 근거가 있다. 누구와 만나 돈을 써서 즐겁게 놀고 교제도 하면 스트레스도 풀리고 인간관계도 잘 맺어놓아 후일에 도움을 받을 수 있다. 그렇지 않고, 나중에 아프거나 급한 일이 생길 때 요긴할 때 사용하기 위해서 저축할 수도 있다. 그때그때 상황에 맞게 선택을 해가면서 살아간다. 이러한 때 지식을 잘 선택하고 활용하면 지혜롭다고 한다.

  지혜는 어떤 지식을 습득할 것인지도 알려준다. 생계를 이어가기 위해서 직업을 선택하는 것도 그 방면에 지식을 쌓고 기술을 익혀야 가능하다. 이때 어떤 방면에서 일할 것인지 어떤 지식을 쌓을 것인지 알려주는 것이 지혜라 할 수 있다. 자기 적성이나 장래의 유망함 등을 헤아려 지혜롭게 선택하고자 한다. 그러므로 지혜는 지식의 스승이라 할 수 있다. 스승 지혜의 조언에 따라 어느 분야에 대한 지식이 축적되면 지식의 전후좌우가 이치에 부합하게 연결되어 통달하게 된다.

  지식이 머릿속으로 아는 것이라면 재주는 행동으로 나타내 보이는 것이다. 예를 들면 '재주는 곰이 넘고 돈은 중국인이 벌어간다.' 라는 말처럼 곰이 재주를 부린다고 할 때 곰이 몸의 행동으로 보이는 것이다. 사람의 재주는 여러 형태로 타고난다. 어떤 사람은 산수를 잘하는 재주를 타고나고, 어떤 사람은 노래를 특출나게 잘하는 재주를 타고나고, 어떤 사람은 축구를 잘하는 재주를 타고나고 하는 식이다. 마치 꾀꼬리가 꾀꼬리의 목소리를 타고 나고, 참새가 참새의 목소리를 타고 나서 참새가 꾀꼬리 소리를 낼 수 없는 것처럼 재주는 타고난다. 그래서 성악가들이 가장 부러워하는 것이 타고난 목소리라고 한다.

  재주는 사람마다 하나만 타고나지 않고 여러 재주를 타고난다. 어떤 사람은 재주가 많아서 운동도 잘하고 공부도 잘하는 사람이 있고, 어떤 사람은 특별한 재주가 없어 보이는 사람도 있다. 자기가 가진 여러 재주 중에서

한 가지 재주를 선택해서 연마해야 인생을 잘 살 수가 있다. 이 잘 선택하게 하는 것이 바로 지혜이다. 지혜로운 자는 자기의 타고난 적성에 맞춰 그에 맞게 재주를 연마할 것이다. 자기가 가진 재주 중에서 보다 비교 우위에 있는 재주를 잘 활용할 수 있도록 지혜가 가르쳐 주는 것이니 지혜가 재주의 스승이다. 재주가 좋아 머리가 명석할 때 지혜가 있다면 현명하게 사리 판단을 한다. 스승 지혜의 조언에 따라 재주를 선택하고 발휘하면 능히 판단을 올바르게 할 수 있다.

지혜에 덕이 더해지면 타인까지 구제하게 된다. 타인을 구제하지 않더라도 사람이 사람사회에서 살려면 덕이 있어야 남들과 공감도 하고 어울려 잘 살 수 있다. 덕이 없으면 나 자신만 생각하기 때문에 외톨이가 된다. 덕은 남도 나와 같이 여기므로 지혜와 덕을 다 갖추고 있으면 남과도 잘 어울려서 살고 나아가 자연과도 잘 어울리고 하느님과도 하나 되어 살 수 있고 밝은이가 된다. 그래서 지혜는 덕의 친구가 되며 지혜와 덕이 다 갖춰지면 현명하게 덕을 베풀므로 대중이 그 덕에 감화하게 된다.

건물이나 도시에는 반드시 사람이 편리하게 이용할 수 있는 전기, 수도, 배수 등의 설비가 갖춰져야 한다. 삶의 태도에도 설비가 필요하다. 지혜로운 설비는 사람욕심을 제어하고 하늘도와 하늘이치를 미리 공부하고 준비해두는 것이므로 머리가 명석하지 않아도 평소에 꾸준히 노력해서 쌓을 수가 있다. 미리 준비해둔 도리와 계명과 심명 즉 마음새김의 설비가 있으면, 인생의 수많은 선택지와 갈림길 중에서 안전하고 훌륭한 길을 걸어 하느님께 가까이 다가갈 수가 있다.

자기에게 닥치는 곤란은 가능하면 자기가 구제해야 한다. 경전은 '자기 구제는 완전하고 남 구제는 산만하며 자기 구제는 제때하고 남 구제는 늦어진다.'라고 하면서 스스로의 구제가 좋은 이유를 설명한다. 자기 일은 자신이 잘 알므로 무엇을 구제할 줄도 잘 알아서 스스로 구제하면 때에 맞춰 정확하게 구제할 수 있다. 요즘에는 사회보장제도가 잘 되어 있어서 정부가 많은 구제를 해주지만 정부도 자기 자신은 아니므로 정부의 구제를 기대함도 일종의 남 구제를 기다림이다. 일본이 미국과 태평양 전쟁을 할 당시 해군 사령관이었던 야마모토는 칸트를 좋아해서 시간계획대로 하기를 좋아했다. 야마모토가 한번은 어디로 가겠다고 시간을 정하고 무전으로 도착지에 있는 자기편 일본군에게 연락했다. 그러나 일본의 무전은 미국에게 암호가 해독되어 다 도청당했다. 도청한 미군들은 비행기로 출격해서 야마모토 비행기가 지나가는 길목을 지키고 있었다. 과연 계획된 시간에 일본 비행기가 출현해서 격추시켰고 야마모토가 죽었으며 일본군은 전력손실이 컸다. 본인에게는 비참했지만 한국에게는 아주 잘된 일이었다. 이러한 예는 자기 구제도 상황에 맞춰 잘 계산해서 해야 함을 보여준다. 그렇지 않으면 본인뿐만 아니라 주위 사람들도 피해를 볼 수가 있다.

사람은 예비해서 앞날의 재앙에 대비해야 한다. 앞날을 예견해서 맞추고 또 대비하는 것이 지혜가 가장 크게 돋보이는 것이다. 병이 나기 전에 평소 음식을 체질에 맞게 또 소박하게 먹고 마음을 평화롭게 가지면 건강하다. 동의보감에 보면 '옛날의 신성한 의사들은 사람의 마음을 치료할 수 있어서 미리 질병에 걸리지 않도록 했다' 라는 구절이 있다. 마음이 불편하고 불안하면 정신병도 걸리고 소화도 안 되고 혈기도 거슬러서 오장육부가 스트레스를 받으므로 육체적인 병도 자연히 생기게 마련이다. 지혜로운 생활을 하여 마음을 평안하게 하고 남과 사이좋게 지내면 병도 물러간다. 마음을 평안히 하는 것이 제일 먼저 달여야 할 약과 같은 것이다. 하늘도[天道]와 하늘이치를 따르는 설비를 하고 나쁜 버릇을 고치는 것도 앞으로 더 나은 삶을 살려고 그런 것이다.

큰일을 예견하려면 경험도 있어야 하고 진행되는 일의 중심을 꿰뚫어보는 통찰력도 있어야 한다. 역사적으로 보면 율곡 이이의 십만양병설을 들수가 있다. 율곡은 곧 왜 나라가 통일되어 국력이 강해져서 조선을 침략할 것이라는 예견을 하고 10만의 병력을 기르자고 조정에 호소했다. 그러나 임금이나 다른 신하들은 그 말을 반신반의했고 또 그 큰 병력을 기르기 위해서는 허리띠를 졸라매고 다른 모든 예산을 줄여야 하는 현실적인 문제 때문에 병력을 기르지 못해서 결국 임진왜란을 당하게 되었다.

일상의 예비는 누구나 할 수 있는 대비를 평소에 하는 것이다. 사치를 부리지 말고 음식도 소박하게 먹으면서 저축하여 미래의 환란에 대비한다. 개미나 도르래가 땅기운이 습해지면 구멍을 막는 것처럼 누구나 알 수 있는 일들을 미리 대비해야 한다. 술에 취한 사람은 정신이 없어서 비틀거리다가 넘어지고 구덩이 옆에 가다가 잘못하여 빠질 거라는 사실은 누구나 알 수 있다. 그런 사람들을 미리 붙들어 안 빠지게 하고 취한 사람을 붙들어서 넘어지지 않게 하는 것이 지혜이다.

구제는 사회 치화

경전의 구제의 의미에 가까운 말은 '세상을 다스리고 백성을 구제한다'라는 뜻을 가지는 경세제민(經世濟民)이라 할 수 있다. 구제의 일들은 사회의 경제를 살리고 위급함을 구조하고 또 지혜로 삶을 살아가라고 하는 사회의 치화에 대한 일들이다. 그래서 구제는 체계적인 성격을 띤다. 때와 땅의 성질을 알기 위해서는 조직적인 관찰과 연구가 필요하다. 천문과 지리는 단시일 내에 이루어지지 않고 오랜 세월에 걸친 경험과 관측의 축적이 필요하다. 이러한 구제의 체계적인 면이 베풂과 다른 점이다. 베풂은 개인적인 차원에서 보는 즉시즉시 하늘성품대로 베푼다.

규범의 원래 글자인 규(規)에는 규범이란 뜻도 있으며 그림쇠 또는 콤파스라는 뜻도 있다. 그래서 규범은 그림쇠로 그리는 것처럼 정확하게 정해진 틀이라는 뜻이다. 모범은 표준화된 양상(pattern)이다. 구제가 규범과 모범으로 나뉨은 구제는 상황에 맞게 공간의 크기나 시간의 적당함이 가능하면 정확하게 헤아려져야 됨을 함축한다. 규범과 모범의 한자를 합하면 규모가 되어 사물이 얼마나 큰가 작은가 하는 크기의 뜻을 가진다. 구제는 이렇게 자로 잰 듯 저울로 단 듯 규모에 맞게 해야 제대로 해야 사회 치화가 된다.

천부경에서의 조응

천부경

一始無始一 析三極 無盡本 天一一 地一二 人一三 一積十鉅 無匱化三 天二三 地二三 人二三 大三合六 生七八九 運三四成環 五七一妙衍 萬往萬來 用變 不動本 本心本太陽昂 明人中天地一 一終無終一

일시무시일 석삼극 무진본 천일일 지일이 인일삼 일적십거 무궤화삼 천이삼 지이삼 인이삼 대삼합육 생칠팔구 운삼사성환 오칠일묘연 만왕만래 용변 부동본 본심본태양앙 명인중천지일 일종무종일

일은 비롯이되 하나로 비롯함이 없다. 삼극으로 나뉘어 있고 근본은 다함이 없다. 천일은 일이고 지일은 이이고 인일은 삼이다. 일이 쌓아 십으로 커져도 삼으로 됨을 어기지 않는다. 천이도 삼, 지이도 삼, 인이도 삼으로 이루어진다. 큼과 삼이 합하여 여섯이고 그 여섯이 칠, 팔, 구를 생성한다. 작용하는 삼이 사로 환경을 조성한다. 오는 칠을 통하여 일로 묘하게 간다. 만 번 가고 만 번 와도 근본을 움직이지 않는다. 본심은 근본 태양과 같이 밝고 밝은이는 천지가 하나 됨에 통한다. 일로 마치지만 일에서 마침이 없다.

문장의 일체화 아름다움

천상의 세계는 지혜와 평화가 있고 더없이 아름다운 곳으로 생각된다. 천부경(天符經)이라는 경전의 이름이 하늘로부터 내려온 경전이란 뜻을 가지므로 그 내용은 무한히 심오하고 그 문장은 더할 나위 없이 아름다워 천상의 아름다움을 가질 것으로 기대된다. 과연 그런 것이 천부경은 우주

의 구성 원리를 수로 표현하고 만물이 다양성을 가지고 변화하면서도 근본은 하나로 같고 사람의 본심도 태양처럼 밝다 하여 내외가 조응하며 천지인이 일체가 됨을 설명한다. 경전은 이러한 최고최상의 심오한 진리를 담고 있으면서 그 내용을 표현하는 문장도 더할 나위 없이 아름답다. 한자 81자의 글자들이 신묘하게 배치되어 일체화를 상징하면서 아름다운 문장을 이룬다.

　한시에서는 대구로 지어야 한다는 전통이 있어서 고진감래나 우왕좌왕 등의 사자성어나 다른 문장들에도 대구가 많으며 서예에서는 대구 문을 쓰는 대련이 있다. 한자로 기록하던 시대에 쓰여진 천부경의 문장도 대부분 대구나 대칭을 이루며 3구절로 이루어진 대구도 2개나 있다. 그러함에도 경전 구절이 모두 대구로 되어 있지는 않고 파격인 문장도 있어서 문장의 아름다움을 더하며 문장과 내용이 서로 조응하며 일체화하는 아름다움을 가진다. 내용도 하나와 만물이 조응하고, 사람 내외가 조응하고, 작용자와 대상자가 조응하면서 일체화하는 아름다움을 가지며 진선미를 모두 포함하고 있다.

　경전은 일(一)로 시작하여 일로 마쳐서 수미가 상호 조응한다. 첫 문장인 일시무시일(一始無始一)은 무(無)를 중심으로 일시(一始)와 시일(始一)이 거울 대칭이다. 無는 없음의 뜻을 가지고 一始를 비춰주기만 할 뿐 자신의 존재는 없음을 의미하여 묘하게 거울 역할을 하며 일시와 일종을 각각 조응시켜준다. 그리고 一始無始一과 一終無終一 문장들은 '일에서 시작함이 없고 일에서 마침이 없다'라는 의미를 내포하며 대구가 되고 시(始)와 종(終)은 서로 바라보면서 조응하는 모습이다:

　　　一始無始一　일시무시일
　　　一終無終一　일종무종일

析三極 無盡本 문장은 3자씩 두 구문으로 대응된다. 天一一 地一二 人一三 문장에서 天一一과 地一二와 人一三 구문들은 3자씩 3 대구를 이루며 마찬가지로 天二三 地二三 人二三 문장에서 天二三과 地二三과 人二三의 구문들도 3자씩 3 대구를 이룬다. 天一一과 天二三, 地一二와 地二三, 人一三과 人二三는 각각 대구를 이룬다. 一積十鉅 無匱化三 구문과 大三合六 生七八九 구문들은 각각 4자씩 2개 부분으로 나뉘어져 있고 서로 대응한다:

天一一 地一二 人一三 一積十鉅 無匱化三
天二三 地二三 人二三 大三合六 生七八九

運三四成環과 五七一妙衍 구절들은 5자로 이루어져 서로 대응한다. 成環과 妙衍은 대응하고 環과 衍의 운이 맞다:

運三四 成環 운삼사 성환
五七一 妙衍 오칠일 묘연

萬往萬來用變 不動本 문장은 천부경 전체 문장에서 유일하게 다른 문장과 대구를 이루지 않아서 파격의 아름다움을 준다.
本心本太陽昻과 明人中天地一의 6자로 된 2구가 대구이다:

本心 本 太陽 昻 본심 본 태양 앙
明人 中 天地 一 명인 중 천지 일

本心과 明人은 사람에 관한 사항으로 서로 대응한다. 本과 中은 동사로서 서로 대응한다. 太陽과 天地는 자연으로 대응한다. 昻과 一도 '밝다'와 '하나된다'의 뜻의 동사들로 서로 대응한다. 위아래 각 문장이 글자수가 2, 1, 2, 1로 맞추어져 있다. 太陽은 해 日을 사용해도 되지만 운을 맞추기 위해서 태양을 사용한다. 明人中天地一 문장의 천지(天地)는 우주나 세계로 표현할 수도 있으나 천지를 선택해서 경전 전체에서 사람과 하늘과 땅을 3번씩 사용하여 3수를 맞춘다.

　이처럼 경전의 각 구문이나 문장이 글자 수도 맞춰져 있고 서로 대구와 대칭, 상호 호응하면서도 파격인 문장도 있어서 전체 문장이 아름답다.

　각 구문이나 문장이 글자 수도 맞춰져 있고 서로 대구와 대칭, 상호 호응하여 전체적으로 미려함을 알 수 있다. 요약하면 다음과 같다:

- (ㄱ)문은 無를 중심으로 거울 대칭
- (ㄱ)문과 (ㅌ)문은 대구이고 一로 시작하여 一로 마침

一始無始一	일시무시일	(ㄱ)
析三極 無盡本	석삼극 무진본	(ㄴ)
天一一 地一二 人一三	천일일 지일이 인일삼	(ㄷ)
一積十鉅 無匱化三	일적십거 무궤화삼	(ㄹ)
天二三 地二三 人二三	천이삼 지이삼 인이삼	(ㅁ)
大三合六 生七八九	대삼합육 생칠팔구	(ㅂ)
運三四成環	운삼사성환	(ㅅ)
五七一妙衍	오칠일묘연	(ㅇ)
萬往萬來用變 不動本	만왕만래용변 부동본	(ㅈ)
本心本太陽昂	본심본태양앙	(ㅊ)
明人中天地一	명인중천지일	(ㅋ)
一終無終一	일종무종일	(ㅌ)

- (ㄴ)문은 3자씩 2개의 구절
- (ㄷ)문은 3자씩 3 대구
- (ㄹ)문은 4자씩 2개의 구절
- (ㅁ)문은 3자씩 3 대구
- (ㄷ)과 (ㅁ)문은 대구

- (ㅂ)문은 4자씩 2개의 구절
- (ㄷ), (ㄹ) 문과 (ㅁ), (ㅂ) 문은 동일한 글자 수 17자로 대응
- (ㅅ)과 (ㅇ)문은 5자씩 대응. (ㅅ)문은 작용자의 작용, (ㅇ)문은 대상자의 회귀
- (ㅈ)문은 파격의 아름다움
- (ㄴ), (ㄹ), (ㅈ)문들은 호응
  수가 커져도 本과 一은 유지됨을 부정의 부정을 사용하여 강조
- (ㅊ)과 (ㅋ)문은 대구. 사람과 자연이 교감하며 일체임을 표현
- (ㅌ)문은 無를 중심으로 거울 대칭
- 경전은 一로 시작하여 一로 마치며 일체화를 표징
- 주요 글자 빈도: 一 11회; 三 8회; 本, 二, 無 4회씩; 天, 地, 人 3회씩
- 9까지는 차례로 3개씩 3단계로 커짐
- 전체 글자 수 81은 9의 9배수

내용의 일체화 조응

일과 만물의 조응

일(一)이 삼극(三極) 즉 셋으로 나뉘어져 있으되 그 셋의 근본은 다함이 없다. 다함이 없음은 셋의 근본이 하나로 같다는 뜻이다. 본체는 하나이고 작용은 삼극으로 나뉘어 작용한다. 처음 작용한다는 의미에서 삼극의 이름들에 비롯의 의미를 가지는 일(一)이 들어간다. 천일, 지일, 인일은 각각 하늘과 땅과 사람의 근원이라는 의미를 가진다. 뒷 문장 일적십거(一積十鉅)의 구절의 적(積)은 '쌓는다'이므로 일이 쌓으면서 조화(造化)의 작용을 한다는 뜻이다. 하늘과 땅과 사람은 우주를 상징하므로 천일, 지일, 인일의 작용은 곧 우주 전체에 대한 작용이 된다. 쌓음은 기존에 있는 것으로 쌓는 작용을 하는 것이므로 기존의 근본이 유지가 된다. 무궤화삼(無匱化三)은 이후 창조되고 생성되는 모든 것은 다 삼(三)으로 구성된다는 의미

이고 삼을 가지면 독립된 개체로 본다. 무궤화삼(無匱化三)은 다른 식으로 표현할 수도 있지만 '되다'라는 의미를 갖는 화(化)를 사용하여 태초의 삼일이 그 대상들을 되게 함을 표현한다. 되게 함은 일체화함이다. 하나가 변화하면서 만물을 생성하더라도 셋으로 됨을 어기지 않음은 태초의 하나가 셋으로 구성되어 셋으로 하나 되는 이치와 같다. 즉 근본을 주는 하나의 이치가 만물에도 동일하게 적용된다.

경전은 또한 다음과 같이 '천변만화하는 현상도 근본을 움직이지 않는다.'라고 해서 만물이 변화해도 그 근본은 같다고 한다:

萬往萬來用變 不動本 만왕만래용변 부동본

물질과 생명체는 상호작용하여 천변만화하는 현상을 이룬다. 우주의 근원인 하나로부터 다양성이 파생되어 성질이 다른 만물과 현상들이 존재해도 그 근본은 움직이지 않는다. 우리 마음도 살면서 천만번 뒤바뀌며 기쁨이나 슬픔 등의 감정을 느끼며 살지만 그 근본마음은 태양과 같이 밝은 것에는 변동이 없다. 사람 중에 수행하는 밝은이가 '천지는 하나됨'에 통하므로 사람은 근본을 돌아보는 존재라 할 수 있다.

셋으로 하나 되는 하나 즉 비롯이 만물로 작용하면서 근본을 공급하고 만물은 또한 그 근본을 잃지 않으면서 근본을 바라보아 일과 만물이 근본을 통하여 서로 조응한다. 조응은 서로 근본이 같아야 조응한다. 두 사물이 이질적일 경우에는 서로 다른 길을 가지 서로 바라보면서 조응하지 못한다.

사람 내외의 조응

사람의 내부와 외부가 다음과 같이 서로 조응한다:

본심은 근본 태양과 같이 밝고　　本心本太陽昻
밝은이는 천지가 하나임에 통한다.　明人中天地一

하늘성품을 따르는 본심은 태양과 같이 밝으므로 하늘성품과 태양은 밝음으로 서로 조응한다. 본심(本心)과 태양(太陽), 명인(明人)과 천지(天地)가 각각 인문과 자연으로 일체 되어 천지인이 일체 됨을 함축한다. 천지는 사람에게 근본을 주고 밝은이는 천지가 하나 됨에 통하여 천지와 밝은이가 조응하며 하나 된다.

작용자와 대상자의 조응

다음 절에서 논의하듯이, 삼극인 천일(天一), 지일(地一), 인일(人一)은 작용자이고 각각 일, 이, 삼에 해당한다. 그 작용의 대상자인 천이(天二), 지이(地二), 인이(人二)는 각각 사, 오, 육에 해당한다. 일, 이, 삼의 작용자와 사, 오, 육의 대상자가 합하여 여섯이고 그 여섯이 칠, 팔, 구를 생성하므로 칠, 팔, 구는 일에서 육의 작용자와 대상자들이 공통으로 보유하고 있는 것들로부터 인출된 것이다. 오(五)는 지일(地一)의 작용 대상인 지이이고 삼(三)을 갖추었으므로 독립된 개체이다. 독립된 개체이므로 능동적으로 작위를 할 수가 있다. 이 오(五)가 칠(七)과 묘하게 연결되면서 일에 가고자 한다. 즉 오는 매개자 칠을 통하여 만물의 근원인 일로 회귀 즉 귀일(歸一)하고자 한다. 칠은 오와 일을 매개한다. 만물과 군집도 다 칠, 팔, 구를 보유하고 있고 칠은 팔과 구와 함께 삼일이 되어 함께 존재하므로 칠, 팔, 구는 일, 이, 삼과 사, 오, 육을 매개하는 매개자의 역할을 한다. 작용자는 대상자에게 매개자 칠, 팔, 구를 통하여 작용하고 대상자들은 매개자를 통하여 작용자에게 회귀하고자 하므로 작용자와 대상자가 매개자를 통하여 서로 조응함을 알 수 있다.

물질계에서도 매개자를 통하여 물질들이 상호작용한다. 중력은 중력자, 전자기력은 광자(빛), 중성자와 양성자들은 중간자를 매개로 서로 당기거나 밀거나 하는 상호작용을 한다.

천부경에서의 진선미

천부경은 천지인 즉 우주의 진리를 담고 있다. 하늘성품은 착하고 그 성품대로 하는 밝은이는 천지가 하나됨을 깨닫는다고 하므로 천부경은 착함을 추구한다. 경전이 직접적으로 아름다움에 대해 언급하지 않고 있지만, 문장들은 상호 조응하며 지극히 아름답고 내용도 일과 만물의 조응, 작용자와 대상자의 조응, 사람 내외의 조응 등의 아름다운 모습을 지니고 있다. 문장과 내용도 서로 조응하여 일체화를 함축하며 아름다움을 더하고 있다.

주해

천부경(天符經)은 천부(天符)의 경전이라는 뜻이다. 부(符)는 부신(符信)이나 표식이라는 뜻으로 천(天)과 같이 사용하여 천부라 하면 하늘이 준 부신이라는 의미를 가진다. 천부가 '하늘이 내린다' 라는 천사(天賜)의 의미로 사용된 용례가 있으므로 천부경은 하늘이 내린 경전이라는 뜻으로 해석해도 된다. 한자 81자로 이루어진 천부경은 셋으로 하나 되는 삼일 원리를 바탕으로 하여 천지의 구성 원리를 1에서 10까지의 수를 사용하여 설명하며 천지의 다양한 요소가 일체화하므로 사람도 공부해서 천지와 일체화함을 깨달으라고 한다.

일시무시일　一始無始一
일시무시일(一始無始一)과 마지막 문장 일종무종일(一終無終一)은 대구이다. 경전의 시작도 一이고 첫 문장과 마직막 문장의 시작과 끝 글자도 一이고 경전의 마지막 글자도 一이어서 근본이 되는 一 즉 하나가 강조된다.

이 문장은 無(없음)를 중심으로 一始와 始一이 거울 대칭이다. 無가 거울이라면 一始가 無를 통해 자신을 바라보는 듯하다. 거울의 역할은 비춰주기만 할 뿐 자기를 나타내지는 않는다. 無도 없음의 뜻을 가지고 一始를 비춰준다. 一과 始(비롯)와 無는 태초에 관한 용어들이다. 태초에는 만물이 생성되기 이전의 상태이기 때문에 다른 것이 아무것도 없는 하나의 상태이고 이것으로부터 시작된다. 비롯[始]도 처음이다. 이 세 글자가 묘하게 거울 대칭으로 배열돼서 태초의 일과 시작과 없음의 신비감을 준다. 경전의 도입부 一始無始一과 말미 一終無終一이 시작과 끝이 없다는 것으로 대구가 되며 始와 終은 다르지만 一로 시작해서 一로 마치니 마치 근본으로 출발하여 다시 돌아와서 거울로 비쳐 자기의 근본 모습을 확인하는 듯하다.

一 자체는 이미 존재해 있으므로 다른 어떤 것으로부터도 비롯되지 않는 一이다. 一이 이미 존재해 있으므로 一에는 시작이 없다. 뒤의 一終無終一에서 보는 바와 같이 끝도 없으므로 시작도 없고 끝도 없이 스스로 존재하는 무한자이다. 또한 一이 존재해 있으므로 없음의 상태는 없다. 우주는 없음으로부터 비롯되는 것이 아니라 있음인 一에서 비롯한다. 그 一은 다른 것의 비롯이되 하나(一)로 비롯함이 없다. 작용할 때는 하나로 작용하는 것이 아니고 여럿으로 나뉘어 있어야 작용이 가능하다. 그래서 一은 비롯하는 본체인 一이지만 하나로 작용함이 없다. 빅뱅 우주론에서 하나의 알이 터져 우주가 시작할 때도 그 처음 하나의 상태는 물리적으로 잘 모르지만 터지면서 금세 무수한 입자들로 쪼개진다. 인체도 밖에서 보면 하나이지만 수많은 성질의 다른 물질들로 이루어져 외부에 대하여 작용을 할 수가 있다. 계란도 노른자, 흰자와 껍질로 구성되어 있고 그 안에는 병아리가 되기 위한 모든 영양소를 갖추고 있다. 이 셋 중에 하나라도 없으면 계란은 계란의 작용을 할 수가 없다. 이처럼 하나이어도 이미 나뉘어 있어야 작용을 할 수 있지, 돌처럼 순일한 한 성질의 물체라면 수 만 년이 되어도 스스로 작용을 하지 못하고 그대로 존재하면서 단지 외부적인 타자의 영향만을 받을 뿐이다. 一은 이미 나뉘어 있어서 그 나뉘어져 있는 작용자들이 작용을 시작하며 다른 것들의 비롯이 된다. 始는 비롯이므로 근본의 의미도

가진다. 사물은 근본으로부터 출발하기 때문이다. 그래서 一始無始一 문장의 앞의 一은 본체를 의미하는 一이고 뒤의 一은 하나를 뜻하는 개수의 의미를 갖는다.

　一始無始一의 번역: 일은 본체로 비롯이되 하나로 비롯함이 없다.

석삼극 무진본　　析三極 無盡本

　이 문장은 석삼극(析三極)과 무진본(無盡本)의 3자로 된 2구가 대응하며 한 문장을 이룬다. 극(極)은 끝을 의미하고 태극이란 말처럼 궁극적 실체 또는 근원이라는 의미로 해석이 된다. 본체의 一은 작용하지 않으므로 극이라 하지 않고 나뉘어진 셋은 작용을 하여 그 대상이 되는 것들에 대하여 궁극적인 실체가 되므로 본체 一이 나뉜 셋[三]은 각각 극이라 불린다. 시작은 작용의 시작이고 작용에는 구별이 있고 작용의 운동이 있다. 하나의 통일체는 구별되는 둘과 운동을 가져오는 매개자가 있어서 최소 셋으로 하나 되어 있어야 작용이 가능하다. 삼(三)은 생동의 수이다. 一이 삼극으로 나뉘어지고 글자 수도 析三極으로 세 자이다.

　나뉘었는데 근본은 다함이 없이 그대로 유지된다는 뜻은 그 몸은 하나이되 각각 다른 작용을 하는 세 작용자로 나뉘어 있다는 뜻이다. 물체를 세 조각으로 나누면 그 근본 원본은 사라지고 세 조각의 물체가 남는다. 이러지 않고 근본이 다함이 없으려면 그 본체는 그대로 유지되고 작용자인 삼극으로 나뉘어 작용해야 한다. 그래서 일이 삼극으로 나뉘어 세 가지 작용을 한다 해도 몸은 하나로 그 근본이 다하지 않는다. 극이란 말은 하나의 사물의 끝단이란 의미로도 사용된다. 자석이나 지구의 끝단을 남극과 북극이라고 부르면 지구나 자석은 하나의 개체이고 두 개의 극이 다른 성질로 작용함을 알 수 있다. 이러한 의미에서도 삼극은 몸은 하나이고 작용이 셋인 삼극이다.

　무진장(無盡藏)은 아주아주 많이 저장해 놓아서 아무리 꺼내써도 바닥이 드러나지 않는다는 뜻이다. 무진본(無盡本)도 그 근본을 무한히 공급하면서도 다하지 않고 남는다는 의미를 가진다. 본체의 일이 무한자이므로 작용자인 삼극도 무한자이고 그 작용 대상들에게 무진장하게 근본을 공급해도 근본을 유지한다.

析三極 無盡本 의 번역: 삼극으로 나뉘어 있고 근본은 다함이 없다.

<u>천일일 지일이 인일삼　天一一　地一二　人一三</u>

천일일(天一一)과 지일이(地一二)와 인일삼(人一三)은 一이 공통으로 가운데에 있고 一, 二, 三은 차례로 3번째에 있어서 다음과 같이 3 대구를 이룬다:

　　天一一　　　　地一二　　　　人一三

앞 문장 석삼극 무진본(析三極 無盡本)에서 삼극이 나오므로 이 문장은 삼극에 대한 문장이 되며 삼극의 이름과 삼극에 수를 배정한다.

천일(天一), 지일(地一), 인일(人一)이 삼극의 이름이다. 본체는 一로 하나이지만 작용은 삼극으로 나뉘어 작용하므로 처음 작용한다는 의미에서 삼극의 이름들에 비롯의 의미를 가지는 一이 들어간다. 천일, 지일, 인일은 각각 독립된 개체가 아니고 셋이 모여 하나가 되는 삼일(三一)을 이룬다. 즉 몸은 하나이고 작용은 셋인 삼일이다. 태일(太一)은 도교와 유교에서 만물의 근원의 뜻을 가지는 것처럼 천일, 지일, 인일은 각각 하늘과 땅과 사람의 근원이라는 의미를 가진다. 뒷 문장 일적십거(一積十鉅) 구절의 적(積)은 '쌓는다' 이므로 천일, 지일, 인일의 一들이 쌓으면서 작용한다는 뜻이다. 하늘과 땅과 사람은 모여서 우주를 상징하므로 천일, 지일, 인일의 작용은 곧 우주 전체에 대한 작용이 된다.

하늘은 끝이 없이 우주에 펼쳐져 있으므로 하늘은 발산하여 만들어 이룸을 표상한다. 일(一)에서 발산한 물체가 있어야 수렴하는 물체도 존재할 수 있으므로 발산이 첫 번째가 되어 천일이 一이다. 땅은 수렴하여 우주공간에서 물질이 뭉쳐있음을 표상하며 두 번째가 되어 지일은 二이다. 사람은 군집을 이루어 발산과 수렴 속에서 조화롭게 존재하고 조화로운 군집 세계를 표상하므로 인일은 그 다음으로 三이다. 뒤의 명인중천지일(明人中天地一) 문장에서 설명하는 바와 같이 사람이 하늘과 땅이 하나 됨을 깨닫는 모습에서도 사람이 천지 사이 즉 발산과 수렴 사이에 있음을 알 수 있다.

天一一의 끝의 一은 서수의 성격이 있어서 우주의 첫번째 자리에 있다는 의미이다. 이후 一부터 십(十)까지의 수는 순서대로 생기는 서수 또는 고유번호로 간주한다. 지일은 두 번째인 二, 인일은 세 번째인 三이다. 一, 二, 三은 몸은 하나이지만 각기 다른 작용을 한다.

天一: 一　　地一: 二　　人一: 三

이 문장의 주어를 하늘[天]과 땅[地]과 사람[人]으로 간주하여 '하늘이 一을 얻어 1이 되고 땅이 一을 얻어 2가 되고 사람이 一을 얻어 3이 된다' 라고 번역하는 견해도 있다. 그러나 하늘과 땅과 사람은 태초의 작용자가 아니고 오히려 태초의 삼일의 작용 결과물로 세상에 보이는 것들이므로 하늘과 땅과 사람을 주어로 간주하며 번역하는 것은 옳지 않다.

天一一 地一二 人一三 의 번역: 천일은 일이고 지일은 이이고 인일은 삼이다.

일적십거 무궤화삼　一積十鉅 無匱化三

일적십거(一積十鉅)와 무궤화삼(無匱化三)의 4자로 된 2구가 대응하며 한 문장을 이룬다.

一이 쌓여서 十까지 생성되므로 우주는 10가지 종류로 구성되어 있음을 뜻한다. 쌓음은 기존에 있는 것으로 쌓는 작용을 하므로 기존의 근본이 유지가 된다. 석삼극(析三極)에서 석(析)은 나뉘어져 있음이고 이 문장의 적

(積)은 쌓음으로 능동적으로 작용함을 뜻한다. 그러므로 이 문장에서의 一은 작용하는 一, 즉, 천일, 지일, 인일의 一들이다.

무궤화삼(無匱化三)은 이후 창조되고 생성되는 모든 것들은 다 삼으로 구성된다는 의미이고 삼을 가지면 독립된 개체로 본다. 無匱化三은 다른 식으로 표현할 수도 있지만 '되다' 라는 의미를 갖는 화(化)를 사용하여 태초의 삼일이 그 대상들을 되게 함을 표현한다. 하나가 작용하면서 만물을 생성하더라도 셋으로 됨을 어기지 않음은 태초의 하나가 셋으로 구성되어 셋으로 하나 되는 이치와 같다. 즉 근본을 주는 一의 이치가 만물에도 동일하게 적용된다.

一積十鉅 無匱化三 의 번역: 일이 쌓여 십으로 커져도 삼으로 됨을 어기지 않는다.

천이삼 지이삼 인이삼　天二三 地二三 人二三

천이삼(天二三)과 지이삼(地二三)과 인이삼(人二三)의 구문들은 二와 三을 공통으로 지니고 있고 다음과 같이 3 대구를 이룬다:

　　天二三　　　地二三　　　人二三

一이 쌓이므로 천일, 지일, 인일이 처음 쌓이면 천이, 지이, 인이가 된다. 천이(天二), 지이(地二), 인이(人二)는 삼극의 일 다음에 쌓여서 생성되므로 두 번째이고 구별된다는 의미에서 二가 붙는다. 작용이 있으면 그 대상이 있어야 하므로 천이, 지이, 인이의 二들은 一들의 작용대상이 된다. 경전은 세 가지 二들이 각각 三으로 되어 있다고 한다. 천이, 지이, 인이는 각각 삼을 가지고 있으므로 각각은 독립된 개체로 보아야 한다. 개체들은 시공간에서 존재하면서 개체의 속성과 시간적 존재와 공간적 존재의 삼을 가지므로 天二三과 地二三과 人二三에서의 三은 二들이 갖는 삼이라고 추론할 수 있다. 一이 근본을 주며 하나로의 통일을 의미한다면 二는 대상이고 一과 다른 구별의 의미를 갖는다.
　이 문장은 天一一 地一二 人一三 와 대구가 된다.

　　天一一 地一二 人一三　　　天二三 地二三 人二三

　천일과 천이는 천을 공통으로 가지므로 천일일과 천일이는 대구가 된다. 마찬가지 논리로 지일일과 지일이, 인일일과 인일이는 각각 대구이다.

　　天一一과 天二三이 대구
　　地一二와 地二三이 대구
　　人一三과 人二三이 대구

　위 문장들이 두 개씩 각각 대구이며 천일, 지일, 인일이 각각 한 낱말이므로 천이, 지이, 인이도 각각 한 낱말이 되어야 한다. 천일과 천이, 지일과 지이, 인일과 인이는 각각 작용자와 그 대상으로 짝이 된다. 세 一들과 세 二들이 모여서 3x2의 구조를 가진다:

　　天一 地一 人一
　　天二 地二 人二　　(3×2의 구조)

　天二三 地二三 人二三 의 번역: 천이도 삼, 지이도 삼, 인이도 삼으로 이루어진다.

　　대삼합육 생칠팔구　大三合六 生七八九
　대삼합육(大三合六)과 생칠팔구(生七八九)의 4자로 된 2구가 대응하며 한 문장을 이룬다.
　大三合六 구절에서 합(合)함은 두 개 이상을 합하는 것이므로 대(大)와

삼(三)은 별개로 고려해야 한다. 만약 대삼(大三)이 한 그룹을 지칭한다면 합이란 용어를 사용하지 않고 그냥 대삼은 六이라고 해야 한다. 대(大)와 삼(三)의 의미가 무엇인지는 이 구절 이전의 문장들에서 찾아야 한다.

천일, 지일, 인일의 삼일은 한 몸으로 세 작용을 하여 천이, 지이, 인이의 개체들을 다 생성하므로 천이, 지이, 인이들보다 크다. 그러므로 大(큼)는 한 몸으로 세 작용을 하는 천일, 지일, 인일의 삼일을 가리킨다. 삼일신고에도 大는 삼신의 능력을 나타낼 때 사용된다. 大는 이미 결정되었으므로 大三의 三은 각각 三으로 이루어진 천이와 지이와 인이의 셋이 될 수밖에 없다. 天二三과 地二三과 人二三 구절들에서 二와 三이 공통으로 사용되었는데 大二合六이라고 하지 않고 大三合六이라 한 이유는 大도 개체이고 三도 개체를 뜻하여 동격을 맞춘 것이다. 만약 대상을 의미하는 二를 사용했다면 大는 작용자를 뜻하는 一이 되어야 짝이 맞다. 그러나 一을 사용하면 본체의 일인지 작용자들의 이름의 一인지 불명확해지므로 大를 사용했다.

大三合六 즉 大와 三이 합하여 여섯이 된다. 여섯은 개수이다. 이 여섯이 生七八九 즉 七八九를 생성하므로 七八九 이전의 수들인 一~六은 이 문장 이전에 거론된 사항에서 찾아야 한다. 一~三은 天一一 地一二 人一三 문장에서 명시적으로 결정되었고 四~六은 다른 선택이 없으므로 천이와, 지이와 인이에 해당되어야 한다. 순서에 따라 고려하면, 천일이 一로서 첫번째로 발산하며 작용하므로 그 대상인 천이가 대상 중에 처음으로 생성되어 四가 된다. 지일이 二로서 그다음 작용을 하므로 그 대상인 지이가 五가 된다. 마찬가지 논리로 인이가 六이 된다. 경전은 굳이 천이, 지이, 인이를 四, 五, 六이라 명시하지 않고 각각 三이라 하여 셋으로 구성된 개체임을 강조한다.

天二: 四   地二: 五   人二: 六

작용하는 삼일 즉 천일, 지일, 인일이 일차적으로 四~六까지를 생성하므로 합하여 여섯이 되고 그 여섯이 모여 이차적으로 七, 八, 九를 생성한다.

一~三과 四~六 중에 한쪽 셋이 주고 다른 셋이 받든지 여섯이 합하여 같이 생성하든지의 과정에는 관계없이 一~六의 여섯이 모여 七~九를 생성한다. 생성과 창조는 다르다. 생성은 생산의 의미를 가져서 기존에 있던 재료를 가지고 변형시켜서 새로운 형태를 가지게 한다. 여섯 즉 一~三과 四~六이 모여서 七~九를 생성했으므로 七~九는 一~三과 四~六이 동시에 가지는 속성을 가진 무엇이다. 경전은 칠팔구의 이름을 명시하지 않고 그것이 어떤 것들인지에 대해서는 뒤의 문장인 오칠일묘연(五七一妙衍)에서 七을 한 차례 언급한다.

七, 八, 九가 三으로 구성되었다고 명시되지 않았고 작용한다고도 명시되지 않았으므로 七, 八, 九는 스스로 작용하지도 않고 각각 독립된 개체가 아니라 셋이서 삼일을 이룬다. 왜냐하면 생성된 모든 것은 무궤화삼(無匱化三)하여 삼을 어기면 안 되기 때문에 동시에 생성된 七, 八, 九는 독립적으로 존재하지 못하고 셋이 삼일을 이루며 존재한다. 一~三이 셋으로 하나 된 것처럼 七~九도 셋으로 하나 되어 七이 있는 곳에 자동으로 八과 九도 같이 있다.

경전은 一~三의 一들이 쌓아 四~六을 이루고 그다음 七~九가 생성되므로 3씩 차례로 3단계로 一~九가 존재함을 설명한다. 그러므로 一~九가 우주를 이루는 기본수라고 할 수 있다. 十은 이 기본수들이 그다음으로 만들어내는 수이다.

두 문장 天一一 地一二 人一三 / 一積十鉅 無匱化三 은 天二三 地二三 人二三 / 大三合六 生七八九 의 두 문장과 글자 수가 맞게 대응한다:

天一一 地一二 人一三 一積十鉅 無匱化三
天二三 地二三 人二三 大三合六 生七八九

大三合六 生七八九의 번역: 큼과 삼이 합하여 여섯이고 그 여섯이 칠, 팔, 구를 생성한다.

운삼사성환 오칠일묘연   運三四成環 五七一妙衍

운삼사성환(運三四成環)과 오칠일묘연(五七一妙衍)의 5자로 된 2구가 대응하며 한 문장을 이룬다. 위아래 글자들이 전부 대구가 되지는 않으므로 이 문장은 대구 문은 아니고 위아래가 5글자로 대응한다.

연(衍)이 가다, 흐르다, 퍼지다의 뜻이므로 다른 글자들인 왕(往)이나 류(流)나 회(會)나 파(播) 등을 사용될 수 있으나 衍이 선택되어 환(環)과 받침 'ㄴ'으로 운이 맞추어진다. 주역의 대연수(大衍數)에도 衍이 사용된다.

이 문장이 중간 부위에 나온 문장으로 가장 난해하며 경전의 해석의 열쇠를 쥐고 있다고 해도 과언이 아니다. 이 문장은 앞에 이미 생성된 아홉 숫자의 관계를 설명한다.

운(運)은 운용하고 작용한다는 뜻이어서 운삼(運三)은 작용하는 三이므로 작용자의 세 번째인 인일이 된다. 삼극은 쌓으면서 작용하는 작용자이고 그 중에 三이 인일이다.

四는 천일의 작용대상이고 천일이 생성하며 三을 가지므로 독립된 개체이다.

뒤의 명인중천지일(明人中天地一) 구문에 사람과 천지가 서술되어 있다. 천지는 우주를 뜻하며 우주에는 만물과 온갖 별들과 생명체들이 존재하므로 그 이전 문장들에서 만물과 누리들과 생명체들이 등장해야 한다. 우주에 생명체들이 존재하고 생명들은 주위 환경이 미리 조성되어 있어야 살아서 활동할 수 있다. 환(環)은 환경 즉 생명들이 살아가는 환경이 되고 그 환경은 우주의 별들로 구성된 여러 누리와 지구 환경이라 할 수 있다. 생명체는 적절한 환경에서만 번식할 수 있다. 지구의 온도나 대기 조건과 태양열이 생명체가 번식할 수 있을 정도로 알맞게 되어 있어야 생명체가 번식할 수 있으므로 환경은 생명체를 위해서 반드시 먼저 조성되어야 한다. 성환(成環)은 '환경을 조성하다'로 해석이 가능하다. 인일이 누리를 조성할 때는 누리들을 질서 있게 조성하면서 다스려야 한다. 그러므로 인일은 치화작용을 함을 알 수가 있고 인일의 대상인 누리와 누리 속에 포함된 군집들은 수 六(6)인 인이가 되고 독립된 개체들이다.

수 6은 군집의 성질을 갖는다. 6은 완전수로 그 약수의 합이 자신의 수가 되고 3×2의 복잡한 내부구조를 가질 수가 있다. 천일에서 인이까지의 一~六의 구조도 3×2의 구조이다. 소립자 세계에서도 쿼크와 경입자 군들은 3×2의 구조를 가진다. 삼일신고에도 3×2의 구조가 많다. 삼일신고는 우주의 별들의 세계도 대소명암고락(大小明暗苦樂)의 여섯 가지 상태로 묘사하고 있다. 인일의 대상인 인이가 6이므로 6은 누리들과 누리에 존재하는 군집들을 의미한다.

인일은 누리들을 조성할 때 재료를 가지고 조성하는데 四가 재료가 된다. 四는 무생물과 생물들인 만물이라 할 수 있다. 四를 대상으로 하는 천일은 먼저 만물이 존재하게끔 만물을 창조하는 조화작용을 한다. 그러므로 천일은 조화의 근원이고 조화작용을 하여 四인 만물을 창조한다.

운삼사성환(運三四成環)은 직역하면 '운용하는 三과 四가 환경을 조성한다.' 이다. 여기서 運三인 인일은 능동적 작용자이다. 四도 독립된 개체이므로 능동성이 있으나 四는 창조된 피조물의 성격이 강하므로 이 문장에서는 運三인 인일이 주어로 간주될 수 있다. 주어를 運三으로 간주하고 문장을 의역하면 '작용하는 三인 인일이 四인 만물을 이용하여 환경 즉 우주의 누리들을 조성한다' 로 해석된다. 천일이 개체를 창조하는 반면에 인일은 군집을 조성하고 치화한다. 군집이 되면 양질 변화에 의해서 개체와는 다른 특성을 나타내므로 천일과 인일의 작용이 구분된다.

오칠일묘연(五七一妙衍)의 구문에서 五는 앞에 정해진 것처럼 지일의 작용 대상인 지이이고 三을 갖추었으므로 독립된 개체이다. 독립된 개체이므로 능동적으로 작위를 할 수가 있다. 반면에 七은 三을 갖추지 않아서 독립된 개체도 아니고 작위를 하지 않으므로 이 문장의 주어는 五가 된다. 一은 七 뒤에 나오므로 七이 주어가 아니면 一도 주어가 안 된다. 앞 구문 운삼사성환(運三四成環)에서도 작용자인 운삼이 주어이다. 이 문장은 독립된 개체 五가 주어가 되어 능동적으로 활동하는 모습을 묘사하므로 五

가 영혼이 있는 생명체라 추론할 수 있다. 생명체가 존재하기 위해서는 먼저 만물이 있어야 하고 또한 주위 환경이 되는 누리가 있어야 한다. 그러므로 앞에서 천일이 四인 만물을 창조해 놓고 인일이 그 四를 이용하여 누리인 六을 조성한 것이다.

앞의 대삼합육 생칠팔구(大三合六 生七八九) 구문에서 설명한 바와 같이 一~六이 합하여 七, 八, 九를 생성한다. 五는 지이이고 수렴의 속성을 가진 지일의 작용대상이므로 五는 수렴하고자 하는 성질을 가진다. 이 五가 五보다 뒤에 생긴 七과 앞에 있는 一과 함께 묘하게 연결되면서 활동하며 일에 가고자 한다. 즉 七은 매개자 역할을 하고 五는 매개자 七을 통하여 만물의 근원인 一로 회귀 즉 귀일(歸一)하고자 한다. 五는 一로 저절로 회귀하는 것이 아니라 五가 七을 통하여 노력해야 묘하게 一에 갈 수 있다. 묘(妙)를 빼고 연(衍)만 사용해도 문맥은 연결되지만 경전은 妙를 사용해서 생명체가 노력하여 교화되어야 함을 알린다. 지이를 대상으로 작용하는 지일은 교화 작용을 한다고 추론할 수 있다.

五七一妙衍을 의역하면 '五인 생명체들은 七을 통하여 一로 묘하게 간다.' 로 해석된다. 이는 뒤에서 설명되는 바와 같이 '밝은이[明人]가 천지가 하나 됨에 통한다 (明人中天地一)'의 뜻과 같은 맥락이다. 밝은이는 하나에 돌이키고자 노력하는 사람이다.

七은 五와 一을 매개한다. 만물과 군집도 다 칠, 팔, 구를 보유하고 있고 七은 八과 九와 삼일이 되어 함께 존재하므로 七八九는 一二三과 四五六을 매개하는 매개자의 역할을 한다.

運三四成環은 작용자인 삼극이 작용하는 내용이고 五七一妙衍은 생명체가 일로 수렴 회귀하는 내용으로 두 문장은 대응이 된다. 四는 생성물이고 一은 근본을 주는 一이어서 四와 一이 대응된다. 성환(成環)은 인일의 조성 작용이고 묘연(妙衍)의 회귀를 의미하여 成環과 妙衍은 대응된다.

하느님과 사람의 조응 | 177

만왕만래용변 부동본   萬往萬來用變 不動本

물질과 생명체는 서로 상호작용하여 천변만화하는 현상을 이룬다. 이 현상들은 기본수 一~九가 만들므로 그다음 수인 十이라 할 수 있다. 그 현상들이 끊임없이 만번 왔다갔다 작용하며 변해도 근본은 움직이지 않는다. 작용하고 변화함은 움직이는 모습이므로 본체가 움직이지 않는다고 하며 움직일 동(動)이 사용된다. 우주의 근원인 일로부터 다양성이 파생되어 성질이 다른 만물과 현상들이 존재해도 그 근본은 움직이지 않는다. 우리 마음도 살면서 천만번 뒤바뀌며 기쁨이나 슬픔 등의 감정을 느끼며 살아도 본심은 태양과 같이 밝은 것에는 변동이 없다.

비롯되는 일로 시작하여 만물의 다양성으로 변화할 때 일의 근본은 없어지고 만물은 다 다른 성질이 될 수도 있을 것이다. 즉, 일이 갈라져서 여러 만물을 이루면서 각각 그 성질이 달라질 가능성도 있다. 그러나 경전은 비롯하는 일의 근본이 다하지 않고 만물 속에 유지된다고 한다. 그러므로 만물은 다르지만 상호작용하며 일체화할 수 있는 동질의 근본을 가지게 된다.

물질계에서 보면, 근본이 되는 소립자들은 많지만 우주를 이루는 안정된 입자들은 업 쿼크와 다운 쿼크와 전자의 세 소립자들에 의해 이루어진다. 이 소립자들은 근본 입자인 힉스로부터 질량을 받는다. 소립자들은 질량과 전하와 스핀이라는 세 성질에 의해 구분된다. 쿼크 세 개씩의 조합에 의해 양성자와 중성자가 이루어지고 원자는 양성자와 중성자, 전자들로 구성되며 이 원자들로부터 만물이 이루어진다. '하나가 셋으로 이루어졌고 그 셋이 쌓여 만물이 되며 그 근본은 움직이지 않는다'는 천부경의 원리가 물질세계에 적용되고 있음을 알 수가 있다.

'석삼극 무진본(析三極 無盡本)'과 '일적십거 무궤화삼(一積十鉅 無匱化三)'과 '만왕만래용변 무동본(萬往萬來用變 不動本)'의 구문들은 서로 대응한다. 세 구절 모두 공통으로 부정의 부정을 사용하여 근본이 유지됨과 셋으로 됨을 강조한다.

析三極 無盡本   一積十鉅 無匱化三   萬往萬來用變 不動本

萬往萬來用變 不動本의 번역: 만번 가고 만번 오며 작용하고 변화해도 근본을 움직이지 않는다.

一에서 十까지의 고유번호가 지칭하는 바를 정리하면 다음과 같다:

一: 천지의 본체
一: 天一 조화 작용   二: 地一 교화 작용   三: 人一 치화 작용
四: 天二 만물   五: 地二 생명체   六: 人二 누리
七, 八, 九: 一~三과 四~六의 매개자
十: 一~九가 생성하는 천변만화하는 현상

본심본태양앙 명인중천지일　本心本太陽昻 明人中天地一

본심(本心)과 명인(明人)은 사람에 관계된 인문이고 태양(太陽)과 천지(天地)는 자연이다. 사람과 천지, 인문과 자연을 조화롭게 한 문장에 배열하여 다 일체가 됨을 표현한다.

본심은 우주와 근본이 하나로 같은 근본 마음이다. 본심은 겉으로 행하는 마음이 아니고 마음속 깊이에서 우러나오는 본마음으로 우리의 속마음인 충심(衷心)으로도 표현된다. 앙(昻)은 과과앙앙(顆顆昻昻)의 용례와 같이 '밝다'의 의미를 가진다. 태양은 밝으므로 본심본태양앙(本心本太陽昻)은 '본심은 태양이 밝음을 근본으로 삼는다'로 번역되고 의역하면 '본심은 근본 태양과 같이 밝다'이다. 사람의 본심은 원래 타고난 천심 즉 하늘마음으로 하늘성품을 따르며 태양과 같이 밝다. 생존을 위해서 겉마음은 때로는 착하기도 하고 때로는 악하기도 하지만 마음속 깊이의 본심은 근본적으로 태양과 같이 밝아 착한 것이고 자기가 행하는 것의 옳고 그름을 안다. 착함은 하나로 알아서 남을 나와 같이 여기는 것이다. 사람이 착하면 밝다. 악은 일부의 이익을 도모하여 행해지므로 어둡고 착함은 공동의 이익을 행하므로 드러낼 수 있고 밝은 것이다.

本心本太陽昻은 '본심은 근본 태양과 같이 밝고'로 번역된다.

명인(明人)은 태양과 같이 밝은 본심대로 행하고자 하는 밝은이이다. 밝은이는 밝은 본심이 무엇인지, 천지가 어떻게 하나가 되는지에 대해 공부하는 사람이다. 사람은 명인과 같이 공부하면서 밝아야 한다. 사람이 만 번 왔다갔다하면서 배우지도 않고 공부도 하지 않으면 근본 진리를 깨우치지 못하고 분별이 없어서 어둠 속에서 헤매는 것과 같다. 경전은 밝음을 의미하는 태양과 앙(昻)과 명(明)의 4글자를 사용해서 본심의 밝음을 강조한다. 생명체가 공부하고 교화되어 우주의 근원에 귀일하고 천지가 하나임을 깨닫고자 하면 밝은이가 된다. 밝은이가 천지가 하나 됨에 통함은 사람이 하나 됨에 통함이므로 하늘과 땅과 사람 모두 하나가 됨을 의미한다. 친구나 부모나 적이나 할 것 없이 하나일 뿐만 아니라 사는 집이나 입는 옷 먹는 음식도 다 근본은 하나라는 뜻이다.

明人中天地一은 '밝은이는 천지가 하나 됨에 통한다'로 번역된다. 밝은이가 천지가 하나 됨을 아는 것이므로 천지와 만물에 근본을 제공하는 一의 근본[本]도 태양과 같이 밝음을 함축한다.

일종무종일 一終無終一

無를 중심으로 一終과 終一이 거울 대칭이다. 앞의 一始無始一 문장은 시원을 설명하고 이 문장은 회귀를 설명한다.

밝은이가 천지가 하나임을 알고 근본인 一로 회귀해서 마친다. 一로 회귀하면 거꾸로 돌아가서 언뜻 생각하기에 아무런 발전이 없을 것 같다. 그러나 모든 학문은 근본을 캐내고 그 근본을 이해한 후 그것을 응용하여 큰 발전을 이루어낸다. 자연과학에서 물질의 근본이 되는 소립자를 밝혀내든가 중력법칙이나 전자기 법칙과 같은 기본적인 물리법칙을 발견한 후 그것을 응용하여 많은 기기를 발명한다.

사람이 천지가 하나 되고 사람도 하나 되는 근본 이치를 깨우쳐 밝은이가 되면 그 이후에 큰 지혜를 가지게 되고 자유인이 되어 자기의 명(命) 즉 자기의 할 일을 하면서 공적을 수행하며 산다. 一은 근본을 주는 일이 될 뿐만 아니라 삼극도 되고 만물도 만들고 누리도 만들고 만왕만래하면서 천변만화하는 현상을 일으키는 一이기 때문에 사람이 근본을 깨달은 후에는 그 근본을 바탕으로 삼아서 무한한 변화와 응용을 할 수 있다. 그래서 一은 통일도 되고 다양성을 내포하고 변화도 되어 一에서 마침이 없다는 것이다. 一은 만물의 비롯이자 마침이지만 그 자체는 시작과 마침이 없이 항상 존재하며 무한한 가능성을 가지고 변화하면서 우주를 이루고 현상을 만든다.

글자의 빈도

경전에 사용된 글자의 빈도는 다음과 같다.

一 : 11회

三 : 8회

無, 本, 二 : 4회

天, 地, 人 : 3회

始, 終, 七, 萬 : 2회

鉅, 九, 匱, 極, 大, 動, 來, 明, 妙, 變, 不, 四, 生, 析, 成, 心, 十, 昻, 陽, 衍, 五, 往, 用, 運, 六, 積, 中, 盡, 太, 八, 合, 化, 環 : 1회

글자의 중요도에 따라 빈도도 비례함을 알 수 있다. 一은 시원이자 만물에 근본을 제공하는 천일을 나타내므로 중요하며 개수 하나의 의미로도 사용된다. 三은 근원 일의 작용자들의 수이며 인일을 나타내고 만물도 다 三으로 구성되므로 一 다음으로 중요하다. 本은 만물의 근본이 동일함을 나타낸다. 二는 지일과 태초의 삼일의 작용대상을 나타낸다. 天, 地, 人의 세 글자는 각각 3회씩 사용되어서 천지인 전체는 3×3하여 9번 사용되었다. 九까지가 기본수이고 기본수에 기본수를 곱해서 되는 수인 81의 글자 수로 경전이 이루어져 기본수 9를 강조한다.

구성

첫째 단락 一始 ~ 化三 : 一의 본체와 三의 작용
둘째 단락 天二三 ~ 一妙衍 : 四에서 十까지 전개되는 과정
셋째 단락 萬往 ~ 無終一 : 만물과 인간에 대한 설명

삼일신고와의 비교

　삼일신고와 천부경은 천지창조와 인간의 구조 및 나아갈 길을 설명해서 그 내용은 같되 설명 방식이 다르다 할 수 있다. 삼일신고는 삼일신의 본체와 작용과 모습 및 사람의 세 참과 허망, 길과 화행에 대해서 구체적으로 설명한다. 천부경은 삼일로 이루어진 천지의 이치를 숫자를 사용하여 원리적이고 간략하게 설명한다.

　천부경과 삼일신고를 대비하면 그 내용이 일치함을 알 수 있다. 태초의 삼일의 본체로서의 一은 물질 이전의 어디에나 있고 무엇이나 감싸는 하늘에 해당한다. 하느님은 만물에 근본을 주는 一이다. 천일, 지일, 인일, 천이, 지이, 인이는 각각 조화신, 교화신, 치화신, 만물, 생명체, 군집에 해당한다. 천부경은 대삼(大三) 여섯이 모여 七, 八, 九의 셋을 생성한다고 하고 삼일신고는 삼일신이 만물에게 세 가지 참인 성품과 명(命)과 정기를 준다고 하므로 七, 八, 九는 각각 성품과 명과 정기에 해당한다. 성품이 순수하게 착함은 본심본태양앙(本心本太陽昂)에 해당되고 성품은 개체의 속성이고 명은 수명의 예와 같이 시간적 존재이며 정기는 공간적 존재를 나타낸다. 七, 八, 九 즉 성품, 명, 정기는 독립적인 개체가 아니고 셋이 하나가 되어 같이 움직인다. 十은 기본수 一~九 들이 '만왕만래용변' 하면서 생성하는 천변만화하는 현상들이다. 삼일신고에 나타나는 十의 예는 지구에서 바다가 변하고 육지가 움직여 생기는 현상과 생명체 五가 땅의 四와 六에 미혹되어 생기는 마음과 기와 몸의 세 허망[妄]과 참과 허망이 맞서 생기는 감정과 호흡과 감각이란 세 가지 길[途]이라 할 수 있다. 밝은이가 화행해서 큰 하느님 기틀을 내는 것은 '일종무종일' 에 해당한다. 밝은이가 근본

을 알고 일에서 마치지만 그 일은 무한한 활동성을 가진 일이어서 밝은이가 큰 능력을 가지고 활동함과 같다.

　　七: 성품
　　八: 명
　　九: 정기

해설
지금까지의 설명을 정리한 해설은 다음과 같다.

　　만물의 비롯이고 만물에 근본을 주는 태초의 일(一)은 시종이 없이 무한하게 스스로 존재한다. 일은 하나로 작용하지 않는다. 일이 삼극으로 나뉘어 있으나 그 근본은 다함이 없이 본체는 일이다. 즉 본체는 일이고 작용은 천일, 지일, 인일의 삼극으로 한다. 천일은 조화 작용을 하며 수는 일이고 그 대상은 수가 사(四)인 천이 즉 만물이다. 지일은 교화 작용을 하며 수는 이(二)이고 그 대상은 수가 오(五)인 지이 즉 생명체이다. 인일은 치화작용을 하며 수는 삼(三)이고 그 대상은 수가 육(六)인 인이 즉 누리와 군집이다. 작용하는 천일, 지일, 인일의 일은 그 대상들에 대한 근원이란 의미이다. 작용하는 일들이 쌓아서 십(十)까지 커져도 삼이 됨을 어기지 않는다. 천이, 지이, 인이의 이는 작용자에 대한 대상이라는 의미이다. 천이, 지이, 인이들은 다 삼을 갖추어서 독립된 개체들이다. 이들은 시공간에서 존재하므로 개체의 속성과 시간적 존재와 공간적 존재의 삼을 갖는다. 천일, 지일, 인일의 큼과 삼으로 이루어진 천이, 지이, 인이들이 합하여 여섯이 되고 이들이 칠(七), 팔(八), 구(九)를 생성한다. 칠, 팔, 구는 각각 성품과 명과 정기이다. 작용하고 운용하는 삼 즉 인일은 사(四)인 만물을 재료로 이용하여 별들의 누리를 조성하여 환경을 만드니 인일은 치화작용을 한다. 천일은 그 사(四)인 만물을 생성해 놓으므로 천일은 조화작용을 한다. 조성된 환경 속에서 오(五)인 생명체들은 칠(七)인 성품으로 교화되면서 일로 묘하게 회귀한다. 교화되는 생명체에 대한 작용자인 지일은 교화 작용을 한다. 일에서 구까지가 만 번 가고 만 번 오면서 작용하고 변화하여 각종 현상을 생성하니 이 현상들이 십(十)이며 모두 일부터 비롯되었으므로 그 근본은 움직이지 않는다. 본심은 근본적으로 태양과 같이 밝고 밝은이는 천지가 하나임에 통한다. 일로 마치지만 일에서 마침이 없다. 사람이 일로 귀일하면 근본을 깨우치므로 그 근본에 바탕하여 천변만화하는 작용을 하는 능력을 발현하게 된다. 일은 삼극도 되고 만물과 누리의 근본이 되니 그 작용 가능성은 무한하여 일에서 마침이 없다.

전통 하느님 신앙

고유의 도

우리나라 고유의 도의 유래는 단군 이전 시대까지 거슬러 올라간다. 중국 베이징 북쪽에 있는 요하 지역에서 발굴된 홍산문화와 대문구문화는 발달한 문화이다. 그 지역에서 발굴되는 빗살무늬 토기와 적석총 등의 유물과 유적들이 동이계의 것들과 유사하고 중국 황하 유역에서 발굴되는 것들과는 다르므로 요하 지역의 고대 문명은 동이계 문명이라 간주되고 있다. 거기에서 대형 제천단 유적과 아사달 문양이 새겨진 토기가 발굴되었고 반가부좌를 하고 있는 여신상과 남신상이 발굴되어서 이미 그 당시부터 제천과 함께 수도하는 도가 존재해 있음을 알 수 있다.

아사달은 아침의 땅이란 의미를 가진다. 아사는 아침, 달은 땅 또는 산의 의미이다. 대문구문화 지대에서는 기원전 2500~2000년에 구워진 팽이형 토기들이 발굴된다. 이 토기들 중 몇 개의 윗부분에는 아사달의 의미를 가지는 문양()이 새겨져 있다. 문양에서 ○은 태양이고 ~은 바다 또는 구름이며 ⌒은 산이다. 그러므로 아사달 문양()은 태양이 아침에 산 위로 솟아오르는 모양을 상형한 것이다.[29] 이 모양은 한자의 아침 단(旦)과 뫼 산(山)의 옛글자들을 합한 모양이어서 한자를 우리 조상이 만들어 사용하기 시작한 증거로 간주하기도 한다. 아사달 문양은 단군 신화에 기록된 고조선의 수도인 아사달의 역사적 실재를 증명하는 문양이다. 아사달은

---

29) 신용하, 「고조선 아사달 문양이 새겨진 산동 대문구문화 유물」, 『한국학보』 102집, 일지사, 2001 봄, 1쪽; 신용하의 인류 5대 문명, 『고조선 문명(古朝鮮文明)』, https://m.blog.naver.com/ohyh45/221800153134.

수도 이름이 되고 한자로 번역하면 조선이 되어 나라 이름도 된다. 홍산문화 우하량 유적 여신상30)과 동시기 요서 지역 오한기 흥륭구 유적에서 발굴된 남신상의 앉은 자세는 반가부좌의 수행자의 모습이다. 남신상은 백회혈 표시를 가지고 있고 입을 동그랗게 오므리고 있어서 영가 수행의 자세라고 설명된다.31)

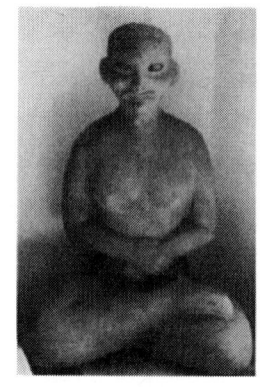

〈우하량 유적 여신상〉

단군신화에 하느님인 환인의 아들 환웅이 땅으로 하강하여 신시 개천하고 곰과 호랑이가 동굴에 들어가 수행하라고 한 것처럼 그 사회에 하느님 신앙과 전통 수행이 존재했음을 알 수 있다. 삼국사기의 기록에 의하면, 최치원은 다음의 예문에서 밝힌 바와 같이 우리나라에 고유의 도가 있었다고 한다.

우리나라에 현묘한 도가 있으니 풍류라고 한다. 그 교의 근원은 역사책들에 상세히 기록되어 있다. 그 교는 실로 유교, 불교, 도교의 3교를 내포하고 있은즉 모든 사람을 접하여 교화시킨다. 집에 들어와서는 부모에 효도하고 밖에 나가서는 나라에 충성을 다하라는 것은 공자의 뜻과 같다. 자연 그대로 맡기며 말없이 행동하라는 가르침은 노자의 가르침의 요지이다. 악행을 하지 않으며 모든 선행을 받들어 행하라는 것은 석가모니의 교화와 같다.

풍류도는 고려 시대까지도 전승되어서 이규보(1168~1241)는 그의 작품에서 다음과 같이 중국에는 없는 고유의 화랑도가 한국에 존재한다고 기록했다.32)

---

30) 임찬경, 「여신상을 통한 홍산문화 건설 주체 비정」, 『국학연구』 15, 국학연구소, 2011, 20쪽.
31) 조채영, 「한국선도의 지감・조식・금촉 수행 전통으로 바라본 '선교'의 제천수행」, 『선도문화』 31권, 국학연구원, 2021, 198-201쪽.
32) 서영대, 「한국 선도의 역사적 흐름」, 『선도문화』 5, 2008, 15쪽.

선풍은 멀리 주, 한나라 때도 들을 수 없었고 가까이는 송, 당에서도 아직 찾아보기가 어렵다. 이 나라에는 네 화랑이 진정 옥과 같아서 만고에 전하는 그 명성이 생황처럼 울린다.

그래서 고려 시대에도 신라와 같이 용모와 재주가 뛰어난 청소년을 뽑아서 선랑(仙郞) 또는 국선(國仙)이라고 했다.[33][34] 이러한 고유의 도를 접한 상고시대 이웃 나라들이 우리나라를 군자지국이나 예의지국으로 불렀다. 그 도는 단군 시대에 세워져서 삼국사기는 '평양은 신인(神人) 왕검의 택지였다'라고 했고 중국인들도 단군을 장백산(백두산) 신인이라고 한 바와 같이[35] 단군왕검은 도를 닦은 선인으로 알려졌다.

이조 중엽에 저술된 청학집은 환인을 동방 선파(仙派)의 교조로 삼고 환웅과 단군으로 그 도통이 이어짐을 서술했다. 또한 단군의 후예가 큰 나라 9개, 작은 나라 12개로 번성했고 그 도가 전해져서 17세기 당시의 선교(仙敎)로 전해졌음과 그 당시의 도인들의 계파도 기록하고 있다. 영조 시대에 저술된 오계일지집은 단군의 계보와 그 당시의 우리나라 선교에 대해 서술했다.[36] 이러한 선교는 역사나 문화를 등한시한 것이 아니라 오히려 우리의 역사와 고유의 도를 보존하며 수도했음을 알 수 있다. 도인들의 계보는 구한말까지 이어져 많은 도인들이 이름을 남겼다.[37] 그중에서도 백봉도인은 우리의 역사책들과 고유의 경전을 전수받아 유구한 우리나라의 주체적 역사와 문화, 종교에 대해 논술했으며 고유의 도를 나철에게 전수했다.[38]

---

33) 안호상, 『겨레 역사 6천년』 깁더판, 기린원, 1992, 281쪽.
34) 서영대, 앞글, 12쪽.
35) 대종교, 『종보』 2, 1957, 15쪽.
36) 이도학, 「대종교와 근대민족주의사」, 『국학연구』 1, 국학연구소, 1988, 62쪽.
37) 정재승, 『민족비전 정신수련법』, 정신세계사, 1998; 김정빈, 『단』, 정신세계사, 1985.
38) 대종교, 『종보』 1, 대종교, 1957, 1쪽.

하느님 신앙의 전래

우리는 어려움을 당하면 자기도 모르는 사이에 '아이고 하느님' 또는 '하느님 살려주세요' 등의 말을 한다. 이러한 하느님 신앙은 상고시대부터 유래했다. 단군신화에 하느님은 환인으로 기록되었고 하늘에 제사 지내던 제천의식에 대한 기록은 삼국유사, 삼국사기, 고려사, 조선왕조실록과 중국문헌 등에 풍부하게 나타난다. 일례로 부여의 영고에 대한 기록은 다음과 같다:

> 부여에서는 10월에 천제를 올린다. 온 나라가 한데 모여 며칠씩 먹고 마시고 노래하고 춤추는데 이를 이름하여 영고라 한다. 이때는 형벌과 옥사를 끊고 감옥을 열어 죄수의 무리들도 풀어준다. 전쟁 때에도 하늘에 제사를 지내고 소를 잡아서 그 발톱을 보아 길흉을 점치는데 발굽이 갈라지면 흉하고 붙으면 길하다고 생각한다.

고구려에서는 10월에 천제를 벌이며 온 나라가 크게 모였다. 이를 동맹 또는 동명(東明 새붉: 동은 새로이 태양이 뜨는 방향이므로 새로움의 의미가 있고 명은 밝다의 의미가 있다: 동풍을 새파람이라고 하고 동쪽에 뜨는 별을 샛별이라 함)이라 한다. 동예에서는 10월에 천제를 올리는데 밤낮으로 술 마시고 노래하며 춤추었다. 이를 무천(舞天)이라 한다. 삼국시대부터 고려 때까지 불교가 국교였던 오랜 시간 속에서도 천신 하느님 신앙은 민간과 조정에서 존속되었고 초월적인 존재를 숭앙하지 않는 성리학적 유교가 국교였던 조선에서도 하느님 신앙은 유교와 보완적인 관계를 가지면서 존속되어왔다. 제천의식은 고려의 팔관제(불간: 불교 용어인 듯하나 원뜻은 '밝은'의 뜻인 '불간'에서 유래됨)[39]나 조선 시대의 간헐적인 제천의식으로 이어졌다. 대한제국의 고종은 원구단을 짓고 천제를 지낸 바 있다.

---

[39] 배우리, 『우리땅 이름의 뿌리를 찾아서』, 토담, 1944, 43쪽.

고려에서는 창건 때부터 신라의 제도를 이어받아 팔관재를 행하였다. 『고려사』 태조 1년 11월에 태조가 처음으로 팔관재를 베풀고 관람했다는 다음과 같은 기록이 있다:

> 11월에 처음으로 팔관재를 베풀고 태조는 의봉루에 거동하여 이를 관람하였다. 유사(有司)가 아뢰기를 "전대의 임금이 해마다 한 겨울에 팔관재를 크게 베풀어 복을 빌었으니 그 제도를 따르기를 원합니다" 하니… 갖가지 유희와 노래와 춤을 그 앞에서 벌였는데 사선악부(四仙樂部)의 용, 봉황, 코끼리, 말, 차, 배 등은 모두 신라의 옛 것들이었다. 모든 관원이 도포를 입고 홀을 잡고 예를 행하였으며 구경하는 사람이 서울을 뒤덮어 밤낮으로 즐겼다. 태조가 그 명칭을 [부처를 공양하고 천신을 즐겁게 하는 모임]이라 하였다. 이로부터 해마다 상례로 삼았다.

태조 왕건은 죽으면서 남긴 훈요십조의 제 6 조에서도 '연등은 부처를 섬기는 것이요, 팔관은 하늘의 신령과 오악 명산, 대천, 용신을 섬기는 것이다. 후세에 간특한 자들이 가감할 것을 건의하거든 마땅히 이를 금지하여야 한다.' 라고 하였다. 『고려사』 중 「예지」는 '팔관재 때 천신을 섬기고 환구(圜丘)와 방택(方澤)을 만들어 천지에 제사지냈다' 라고 한다.

마니산(원래의 이름은 마리산: 마리는 머리의 의미이다)의 제단인 참성단은 원방각(圓方角 동그라미, 네모, 세모)의 형태로 조성되어 우리 민족의 고유사상인 천지인 사상을 그대로 표현하고 있다. 제단의 아래는 원형이고 그 위는 네모이고 세모 형상의 사람이 제단에 올라가면 원방각이 완성된다. 사람은 위는 머리 하나이고 아래는 다리가 두 개이어서 세모 형상을 가진다.[40] 마니산(摩尼山)은 강과 바다의 모퉁이로서 땅이 한적하고 깨

---

40) 대종교, 『대종교경전』, 앞 책, 552쪽.

끗하고 조용하고 깊어서 신명(神明)한 자리이다. 그러기 때문에 제사 지내는 자리를 만들어서 상제께 제사 지낸다고 하였다. 또, 하늘은 음(陰)을 좋아하고 땅은 양(陽)을 좋아하기 때문에 단(壇)을 물 가운데 있는 산에 설치했다[41]고 한다.

시가류나 소설 등의 문학 작품에는 천신, 조물(造物), 상제, 옥황상제, 천제(天帝), 상황(上皇), 천(天)님 등으로 표현되는 하느님을 그린 곳이 수없이 많다.[42] 『용비어천가』는 조선 세종 때 권제, 정인지, 안지 등이 지은 악장이다. 이씨 왕조의 선조인 목조에서 태조, 태종에 이르는 6대의 행적을 중국 고사에 비유하여 건국의 정당성을 서사적으로 노래하였다. 이는 한국 문학사상 최초의 국문시가로서 이규보(李奎報)의 『동명왕편』, 이승휴(李承休)의 『제왕운기』를 이은 마지막 왕조서사시이다. 이 악장은 그 당시의 하늘에 대한 신앙을 보여주는데 하늘이 들어있는 구절들만 간추려 보면 아래와 같다. 여기서의 하늘은 님만 빠졌지 하느님과 같이 자기의 의지를 갖는 인격신적인 성격을 지닌다.

> (8장) 태자를 하늘이 가리시어, 그 형의 뜻이 이루어지시매, 성손을 내신 것입니다. 세자를 하늘이 가리시어, 임금의 명이 내리시매, 성자를 내신 것입니다
> (21장) 하늘이 이미 다 이루어 놓으신 바이니, 적각선인의 일이 없다 한들, 천하의 백성을 잊으시겠습니까? 하늘이 이미 가리어 놓으신 바이니, 누비옷 중이 아닌들 우리나라 백성을 잊으시겠습니까?
> (30장) 뒤에는 모진 도둑, 앞에는 어두운 길에, 없던 번개를 하늘이 밝히시니. 뒤에는 모진 짐승, 앞에는 깊은 못에 엷은 얼음을 하늘이 굳히시니.
> (85장) 모난 얼굴을 몰라보고 벼슬을 돋우시니, 하늘의 마음을 누가

---

41) 김교헌, 『신단실기』, 이민수 옮김, 1994, 69쪽.
42) 최윤수, 「겨레의 천신 하느님 신앙」, 『알소리』 3, 국학연구소, 한뿌리, 2006, 80쪽.

고치리. 비기의 글을 몰라보거늘 나라의 이름을 바꾸시니, 천자의 마음을 누가 달래리?
(86장) 여섯 노루가 떨어지며, 다섯 까마귀가 떨어지고, (태조는) 비스듬한 나무를 날아 넘으시니, 석벽에 숨었던 옛 시대의 글이 아니라도 하늘 뜻을 누가 모르리?

『악학궤범』과 『악장가사』의 노래 가사에도 천신, 천, 상제, 신명 등의 칭호가 수없이 등장한다. 이 책들에 조선왕조 개국의 정당성은 하늘로부터 부여받았음을 백성들에게 주지시키기 위하여 지어진 시가가 많기 때문이다. 각 왕조는 왕조의 정당성을 하늘로 부여받았다고 선전하므로 왕실과 그 신료들과 백성들은 모두 초월적인 하느님을 믿게 되었다. 왕조의 국교가 유교이든지 불교이든지 관계없이 각 왕조의 하느님은 다 같은 속성을 가지는 동일한 하느님이 되며 유교나 불교의 상위에 위치한다. 이러므로 승려든지 유학자든지 모두 하느님을 믿게 되었으며 그들이 신봉하는 부처나 노자나 공자 모두 하느님의 하위 신이 된다.
권근의 양촌집에 실린 참성초청사(塹城醮靑詞)[43]의 하느님 신앙은 다음과 같다:

> 하느님(神)의 귀는 현혹됨이 없이 우리 인간을 비호하여 주시고 하느님은 고르게 세상을 굽어보시나니 이에 예를 다하여 제사올림에 감동하사 통촉하소서. 간절히 생각하면 마리산은 단군께서 제천하던 곳이라 ... 이에 옛법에 따라 당시의 어려움을 고하며 미천한 정성을 드오니 밝히 굽어보사 바다로 하여금 파도가 높이 일지 않고 교통이 자유롭고 물화가 편히 소통되는 평화가 오도록 하느님께서 하명하시어 사직이 반석에 낮음같이 편안케 하여 그 광영을 보게 하

---
43) 이능화, 『조선도교사』, 이종은 역, 보성문화사, 1983, 103쪽.

여주소서.

정도전은 동문선에서 조물주에 대한 신앙을 읊었다:

조물주께서 바라시는 바는 우리의 즐거움을 북돋워주며 우리는 이렇게 즐거이 삽니다.…

조선 초기의 유학자이자 개국공신인 위의 두 사람이 독실한 하느님 신앙을 가졌음을 알 수 있다. 김시습은 옥황상제나 삼청궁을 묘사하는 여러 시들을 남기고 있는데 그 중의 한 시의 구절은 다음과 같다.[44]

구름 걷힌 높은 하늘 별빛은 찬데/ 경을 읽고 나서 천단에 절하니/ 상제 내린 곳 향안개에 싸여 있다.…

서산대사가 불교의 이치를 노래로 쉽게 엮은 회심곡의 영조시대 출간본에도 석가모니가 옥황상제 밑에 있다. 그 당시에는 불교 신자도 하느님의 존재를 믿고 있음을 보인다.[45]

이 세상에 나온 사람/ 뉘덕으로 생겼는가/ 하느님의 은덕으로/ 아버님전 뼈를 타고/ 어머님전 살을 타고/ 칠성님께 명을 타고/ 제석님께 복을 타고/ 석가여래 제도하여/ 인생일생 탄생하니/…

조선 후기의 대표적인 시인인 윤선도의 시조에서도 옥황(玉皇)을 여러 곳에서 찾아볼 수 있다.[46] 예를 들면 다음과 같다:

---

44) 이능화, 앞 책, 145쪽.
45) 조자용, 『삼신민고』, 가나아트, 1995, 105쪽. (재인용)
46) 이종은, 『한국시가상의 도교 사상』, 보성문화사, 1982, 98쪽.

풋좀의 꿈을 꾸어 십이루에 들어가니/ 옥황은 우스시되 군선이 꾸짖 다/ 어즈버 백만창생을 어늬 결의 무르리

하느님 칭호

한글 문학이 조금씩 발전되었던 조선 중기 이후의 문학 작품들과 무가들에서 하느님이란 칭호를 발견할 수 있다. 무가에는 하느님이란 칭호가 다수 보이므로 민중 기층에서는 하느님 신앙이 보편적인 신앙이었음을 추론할 수 있다. 하느님(하ᄂᆞ님)이란 칭호가 나타나는 몇 안 되는 시조나 가사류의 지은이는 양반이 대다수이므로 양반층에서도 하느님을 찾는 신앙이 있었음을 알 수가 있다. 그 신앙이 어떠한 종단에 의해 체계적으로 정립되어 있지는 않았으나 하느님은 우리 민족이 궁극적으로 믿고 있었던 신앙의 대상이었다. 어려움을 당하면 자기도 모르는 사이에 하느님을 찾았다. 그래서 어떠한 특정 종단의 하느님이 아닌 겨레의 하느님 신앙으로 이어져 내려와 애국가에 '하느님이 보우하사 우리나라 만세' 란 가사가 들어가게 되었다. 온 국민은 아무런 거리낌 없이 초등학교 때부터 애국가를 부르며 하느님에 대해 친숙하게 된다. 이러한 하느님 신앙은 근세 기독교의 한국 전파에 큰 바탕이 되기도 했다. 하느님 칭호가 나타나는 몇 가지 작품을 들면, 박인로의 노계가에 임금이 오래 살도록 하느님(하ᄂᆞ님)께 비는 기복적인 구절이 있다.

> 평생에 품은 뜻을 비나이다 하ᄂᆞ님께
> 북해수 마르도록 우리 성주 만세소서

1800년대 목판본 노계집에 실린 박인로의 작품 태평사에 보면[47] 다음과 같은 구절이 있고

---
47) 최강현 역주,「가사 I」,『한국고전문학전집』 3, 고대민족문화연구소, 양우당, 1981, 358쪽.

천운순환을 아옵게다 하ᄂᆞ님아

　선조 시대의 정광천이 부모의 병이 낫게 하느님(하날님)께 기도하며 지은 시조가 있다:

　　　하날님아 하날님아 비는 뜻 아옵소서
　　　유일 노인 구제 구제 하옵소서
　　　언제쯤 노친을 모시고 즐거운 여생 사오리까

　이러한 작품들에 나타난 하ᄂᆞ님은 우주 만물과 사람의 심성을 창조하고 주관하는 존재이고 사람들이 믿고 어려움에 처했을 때 그것을 해결해 달라고 기도하는 대상이었다.
　지은이가 이이로 알려진 자경별곡48)에는 물질적이지도 않으면서 신령스럽고 밝은 (허령불매) 심성을 사람에게 준 하날님의 작용을 설명하고 이 심성 닦는 것을 놓지 말고 부지런히 수행하자고 한다:

　　　허령불매 일심성은 하날님이 주신라
　　　놋지말고 구지 자바 백년을 수양할 제…

　위백규(1729-1798)의 삼족당가첩 중 농가49)에도 면화와 벼를 만드는 하느님의 작용이 묘사되어 있다. 면화와 벼는 사람의 옷과 먹을 양식을 대표하는 것이므로 이것들을 만드는 하느님을 칭송하고 하느님께 고마워한다. 하ᄂᆞ님은 만물을 다스리기만 할 뿐 아니라 만물을 만드는 존재로도 인식된 예이다:

---

48) 앞책 276쪽.
49) 박을수 역주, 『한국고전문학전집』 21 - 시조 III, 고대민족문화연구소, 양우당, 1981.

면화는 세 다래끼 네 다래끼요 이른 벼는 패는 모가 굽는가
오뉴월이 언제 가고 칠월이 반이로다
아마도 하느님 너희 만들 때 날 위하여 만드셨다

고대본 악부[50]에도 공명이 동남풍을 하느님께 비는 광경을 묘사하는 구절이 있다.

공명이 갈건 야복으로
남병산 상상봉에 올라 칠성단 돋아 짓고
하느님전의 비나이다 동남풍 빌어낸지 삼일만에…

고종 시대에 지어진 시철가[51]에는 사람이 죽어 하느님 앞에서 판결을 받는 구절이 있다. 사람의 선행이나 악행은 결국엔 하느님의 이치대로 심판을 받는다는 사상이다.

…
하나님 앞에 판결받으러 갈 제…

이조까지의 기록 문자가 한자이므로 천신, 천지신명, 제석, 삼신, 상제 등의 한자어를 많이 사용했음에도 불구하고 하느님이란 칭호가 쓰이는 이유는 그 칭호가 천신이나 제석 등과는 다르게 구체성을 띠기 때문이다. 하늘은 사람들이 언제나 보고 느끼는 숭고하고 높고 깨끗한 이미지를 가진다. 사람은 닿을 수 없이 높고 파랗고 깨끗하고 맑은 하늘을 보면서 하늘에 대한 존경심과 숭고함을 가졌고 햇살과 비바람, 벼락 등의 거대한 자연의 힘

---

50) 김흥규 역주, 『한국고전문학전집』 2 - 사설시조, 고대민족문화연구소, 양우당, 1981, 352쪽.
51) 앞책, 416쪽.

에 전지전능한 하느님에 대한 신앙을 가졌다. 앞일을 모르고 또 늘 재난이나 궁핍, 어려움을 당하는 사람들은 하느님이 높은 하늘에 있으면서 사람을 비롯한 땅 위의 모든 것을 사랑으로 굽어보고 그 행위에 따라 앙화와 복을 내린다고 자연스럽게 믿게 된다.

당시에 지어진 작품들에서 하늘은 하날, 한놀, 하놀, 하룰, 하놀, 한늘, 하늘, 한을, 한눌 등으로 표기된다. 예를 하나만 들면, 김상용의 훈계자손가 제7장에[52]

만사를 하놀만 믿고 어딘 일만 하여라

와 같이 모든 일을 하늘만 믿고 어딘(어진) 일만 하라는 구절이 보인다. 하늘만 믿고 어진 일만 하라는 말은 현대 종교들의 믿음에서 흔히 볼 수 있는 신앙의 모습이다. 하느님 칭호는 하놀과 님이 합성된 합성어 하놀님에서 'ㄹ'이 묵음된 낱말이다. 앞의 이이와 정광천이 지은 시조들에서는 하느님이 아니라 하날님으로 표기되어 있어 이 사실을 증명해준다. 하느님은 유일신적인 의미인 하나밖에 없는 님이란 의미를 가진 것이라기보다는 하놀의 님 즉 하늘에 있는 가장 높은 존재라는 뜻을 가진다. 하느님의 하느가 하나의 의미를 가지고 님과 합하여 합성어가 되는 것은 문법에도 어긋난다.[53] 또한 하느님이 하놀의 가장 높은 이이기 때문에 하나님 주위에 많은 다른 신령들과 하늘세계가 있음을 함축한다. 이는 우리 조상들의 민간신앙과도 부합하는 사실로 우리는 하늘나라에 대한 무수한 전설과 이야기를 들어 알고 있다. 하느님은 다른 신들보다 월등한 최고신이어서 유일신적인 면이 있었다.

---

52) 김대행 역주, 『한국고전문학전집』 1 - 시조 I, 고대민족문화연구소, 양우당, 1981, 279쪽.
53) 곽노순, 「한국교회와 하나님 칭호」, 『기독교사상』 15, 1971, 105쪽, 121쪽.

무가에서의 하느님

이능화의 연구에 의하면 우리나라 무속은 단군 때부터 시작되었다고 한다.[54] 무속에서 삼신제석은 환인, 환웅, 단군의 세 성인을 의미한다. 무속은 삼국시대까지 국가적으로 하늘에 제사 지내는 일을 담당하면서 국가적인 종교의 지위를 차지하였다. 신라의 차차웅도 제정일치 시대의 신권과 왕권을 동시에 가진 왕의 이름이라 해석되고 있다. 불교나 유교 등의 사상이 유입되는 고려와 조선 시대에도 그 세력은 약화되었으나 무속은 국가적으로 이어져 내려왔다. 국무(國巫)가 있어 궁중에도 무당들이 출입하였고 비가 안 오면 전국의 무당들을 불러 모아 나라에서 하늘에 기우제를 지냈다. 무속의 천신 숭배는 하느님 숭배의 원형이라고 할 수 있다. 국가적인 규모의 엄숙한 행사가 되는 하느님께 대한 제사는 하느님 신앙의 세련화와 고등종교화에 이바지했다.

식자층에서는 이치나 법에 따른 질서의 세계를 믿었지만 오랜 세월 동안 평민 사회에서는 무속 신앙이 그들의 어려움이나 고난에 대한 정신적인 위안처가 되었다. 농촌사회가 산업사회로 되기 전까지 무속은 전국적으로 퍼져 있었다. 나라는 일종의 교구와 같이 나뉘었고 각 교구는 하나의 담당 무당이 맡아 치병과 기복 등의 종교 행위를 해왔다. 병들었을 때 귀신이 들렸다고 굿하고 나무나 돌에 절하는 등의 미신도 성행했음은 부정할 수 없는 사실이지만 보통사람들은 집안의 대소사가 있을 때는 무당을 찾아가 상담하고 정신적인 위안이나 안정을 얻었다.

무당에는 강신무와 세습무의 두 종류가 있다. 북부 지방에서는 신이 내려 영험한 능력을 보유하는 강신무가 주류를 이루었다. 중부 지방이나 남부 지방에서는 세습무인 단골이 500호에서 1000호씩 나누어 기복과 굿을 하는 단골판으로 나누어졌다. 각 단골판에 속한 주민들은 봄가을로 보리와 쌀을 서너 되씩 단골에게 헌납했다. 단골판은 세습 또는 전수되고 매매

---

54) 이능화, 『조선무속고』, 백록출판사, 1983.

도 가능하며 굿이 불가능할 경우 전세를 내주는 경우도 있었다. 무당 계급은 내세와 신을 믿으며 신을 두려워하고 그 몸과 영혼을 깨끗하게 보전하고자 노력한 사제계급이었다. 그들이 믿는 신들은 크게 네 계급으로 분류된다. 최고신으로써 천신 즉 하느님이 있고 그 다음으로 상층신들인 일월성신, 제석신, 칠성신 등이 있으며 중층신들인 산신, 용왕신, 지신 등이 있다. 하층신들은 걸립신, 하졸, 잡귀들이 있다. 이로부터 우리는 평민들이 무당들을 의지하면서 기도할 때 최고의 신인 하느님을 믿게 되고 기복할 때 다른 신들도 찾겠지만 최후로는 자연스럽게 하느님을 찾았을 것임을 짐작할 수 있다.[55]

무당들이 굿할 때 부르는 무가(巫歌)의 몇 곳에서 하느님을 찾아볼 수 있다. 대부분 기복적인 내용이고 하느님이 모든 것을 아는 능력이 있음을 묘사하는 구절도 있다. 군웅굿의[56]에 보면 풍랑을 만나 배가 난파당하는 위급한 상황에 처하여 하느님(하나임, 하난임)께 비는 모습이 묘사된다:

> 한 곳에 당도하니
> 풍랑이 대작하여 바람 불고 파도쳐 배머리 빙빙돌아 부딪칠 재
> 돛대는 능끗능청 어룡이 싸안은 듯 잠든 용이 뒤엎는 듯
> 창해가 요란하며 안개 자욱하니 천지분별할 수 없더라
> 이때 도사공 황급하여 우루룩 뛰어나가 배머리 주저앉아
> 두 손 합장 무릎꿇고 하나임께 비는구나
> 아이고 하나임 명천하신 하난임은 굽어살펴 주옵소서

또 다른 무가[57]에서도 지성을 다하면 하느님(하나임)이 도와주신다고 하는 구절이 있고

---

55) 이재근, 『서울의 민간신앙』, 백산출판사, 1996.
56) 김헌선 역주, 앞 책, 99쪽.
57) 김헌선 역주, 앞 책 103쪽.

옛말에 하였으되 정성이 지극하면 지성이 감천이라더니
하나임이 도와주시니 어이 아니 좋을손가

회심곡[58]에는 병들어 명산대천을 찾아 하느님께 기도하는 모습이 있다:

재미쌀 실고 실어 명산대천 찾아가서
상탕에 뫼를 짓고 중탕에 목욕하고 하탕에 수족씻고
향로향합 불피우고 소지삼장 드린 후에
비나이다 비나이다 하나님전 비나이다
칠성님전 발언하고…

필사본 무가집 중 태백무가 세존풀이[59]에도 비슷한 구절이 있다:

아기를 못나 걱정하다가 태을선관의 아기를 점지하는 꿈을 꾼 후 하는 말이
지성이면 감천이라 하더니
하나님이 우리 내외를 불상이 생각하시도다…

필사본 무가집 중 바리공주[60]에는 사람의 행동과 마음을 아는 하느님의 능력을 말하는 구절이 있다.

그러면 내가 하나님께 아뢰어서 알음이 있으면 모르려니와
그렇지 않으면 너희가 나한테 음침한 마음먹고 하는 짓이 아닌가…

---

58) 김헌선 역주, 앞 책 344쪽.
59) 김헌선 역주, 앞 책 464쪽.
60) 김헌선 역주, 앞 책 376쪽.

위의 무가들은 발음 나는 대로 취입한 것이기 때문에 하느님의 발음이 하나님, 하나임, 하난임 등으로 표기되었다. 표준어 하느님의 원래 발음은 하나님에 가까워 지금까지 전승되어 오는 무가에는 모두 하나님으로 기록된 것이다. 이것은 시조와 가사에서도 하ᄂ님으로 기록되어 있는 사실로도 확인된다.

우리나라 기복 신앙은 주로 무속이 담당해왔다. 기복은 중요한 종교행위 중의 하나이다. 보다 평안하고 복 있는 생활은 사람이라면 누구나 기원하는 바이며 기복은 사람이 있는 곳에는 항상 존재한다. 사람이 고통을 당할 때나 어려울 때는 본능적으로 어버이를 찾거나 끝없는 사랑으로 자기를 보살펴주는 하느님에게 의지하고자 한다. 기복은 기복하는 사람에게 정당한 방법과 합리적인 노력에 의한 현실적인 이득을 얻고자 하는 마음가짐을 가지게 하며 보다 나은 미래에 대한 기대나 희망을 준다. 바쁜 세상에 사는 사람들도 기복하는 동안이라도 거짓을 버리며 마음을 비우고 하느님의 뜻대로 일이 성사되라고 기도한다.

기독교의 하나님 칭호

구한말에 우리나라에 거주하던 외국인들이 그 당시 우리 선조들의 하느님 신앙에 대해 느낀 기록이 몇 가지 있다. 다음은 클락(Clark)의 기록을 인용한 것이다.[61]

> 언더우드(Underwood)가 절간에서 한 스님을 만나 '하나님은 온 우주의 주재신이고 부처는 그 밑에 자리한 하나의 신에 지나지 않는다' 고 말했다는 경험담의 기록이 남아 있다. 확실히 불교신자, 유교신자, 신교(무속)신자 할 것 없이 모든 종교인들이 하나님을 우주의 절대 주재신으로 믿고 있다고 언더우드는 계속 강조했다.

---

61) 조자용, 앞 책, 293쪽.

클락은 하느님은 한국의 고유한 신의 이름이며 외래 종교가 밀려 들어오기 훨씬 전부터 내려오는 민족 전통의 신(God)의 이름이라 하였고 예맥 사람들도 하느님께 제사했고 단군도 마니산에서 제사 지냈다고 하였다.

구한말에 한국에서 20년 넘게 선교활동을 하던 헐버트(Hulbert)도 한국사람들은 위급한 상황에 처하게 되면 하느님을 찾았다고 기록하였다:

> 한 사람의 종교가 무엇인지 알고 싶으면 그 사람이 죽을 지경에 빠졌을 때를 지켜보면 된다. 그럴 경우에 부닥치면 그 사람이 간직하고 있던 순수한 종교가 저절로 표현되기 마련이다. 한국사람의 경우에는 표면상에 나타나는 여러 가지 외래종교의 신을 찾는 것이 아니라 하나님을 찾는다. 하나님 신앙은 외래종교와는 별도의 것이고 그렇다고 원시적인 신앙도 아니다.

기독교도는 낯선 땅에 그들의 종교를 전파할 때 그들의 신을 그 성격이 가까운 토착신의 이름을 빌려 사용한다. 기독교가 토착화된 후에는 그 신의 성질이 완전하게 기독경전의 신으로 바뀌게 된다. 영어인 갇(God)도 구약에 나오는 히브리어의 엘로힘(Elohim)의 번역인데 두 신의 공통점은 희생 제물에 의해 숭배받는 존재란 점이었다. 한국의 하느님과 기독교의 신은 상이점도 있으나 공통점도 많다.

구한말에 한국에 전파된 개신교의 선교사들은 한국사람들이 어려움에 처하여 궁극적으로 찾는 신이 하느님인 것을 파악하고 먼저 들어온 카톨릭에서 사용하던 천주(天主) 대신에 하느님으로 신(God)을 번역하였다. 1887년 스코틀랜드 선교사 로스(John Ross)가 한국인의 도움을 빌어 신약성서를 번역했다. 그는 갇(God)을 하ᄂ님으로, 해븐(heaven)을 하눌 등으로 번역하였다. 하눌이 평안도 사투리라고 하지만 앞에서 살핀 바와 같이 당시까지 대부분의 지방에서 하늘의 발음은 하눌이었으며 하느님도 하ᄂ님으로 발음되었다고 보아야 한다. 1937년 장로교와 감리교는 하ᄂ님을 하나님으로 수정하고 유일신의 개념을 공식적으로 천명해서 지금에 이르고 있다. 요즘에는 카톨릭에서도 천주를 하느님으로 그 칭호를 바꾸어 사용하고 있다. 한말에 기독교 선교사들이 그들의 신을 하나님으로 번역하게 된 동기가 되는 하느님 사상이 10가지 사항으로 분석된 바 있다.[62]

1. 하나님은 복수형이 안된다.
2. 하나님은 보편적이다. 예를 들어 한국의 하나님과 몽고의 하나님은 따로 있지 않다.
3. 하나님은 만물을 창조하므로 없음 외에 그 탄생이나 족보는 가지지 않는다.
4. 천자(天子) 또는 천손(天孫) 등과 같이 하나님의 아들이란 표현이 있다.
5. 하나님은 형상으로 그릴 수 없다.
6. '하늘이 노하였다', '하나님이 도와서' 등과 같이 인격신의 모습을 가진다.
7. 하나님이 인간의 마음과 행동을 알고 응답과 보답을 하여 윤리적 요청의 근거가 된다.
8. 비가 오지 않을 때 기우제를 드리는 등 하느님께 경배한다.
9. 하나님은 하늘에 계신다.
10. 하나님은 최고의 신 즉 신들의 신이다.

하느님 신앙은 구한말의 대종교, 천도교, 증산교 등의 여러 신흥 종교들에 의해 다양한 모습으로 표면화되었다.

---

62) 곽노순, 앞글, 105쪽, 121쪽.

[참고문헌]

이영진, 『철학과 신학의 몽타주』, 홍성자, 2015
신홍범, 『마리 테레사』, 두레, 2021
원택, 『성철스님 시봉이야기』, 장경각, 2018
리처드 도킨스, 『만들어진 신』, 이한음 역, 김영사, 2019
대종교, 『대종교중광육십년사』, 대종교총본사, 1971
김정빈, 『도』, 글수레, 1985
장수철, 이재성, 『아주 명쾌한 진화론 수업』, 휴머니스트, 2018
밴스 페렐, 『과학으로 본 진화론의 허구』, 홍지연, 장준익 옮김, 2012
강건일, 『진화론 창조론 논쟁의 이해』, 참 과학, 2010
김부식, 『삼국사기』
장자, 『장자』
최정호, 이태원 공편 『하늘과 한국인의 삶』, 나남출판사, 1997
대종교, 『대종교 경전』, 대종교, 2002
최윤수 편저, 『참전계경』, 단촌글방, 1998
안경전 역주, 『환단고기』, 상생출판, 2012
차길진, 『업』, 서음미디어, 2011
최윤수, 『일체화 사랑과 영혼의 성장』, 엠-애드, 2025
강병조, 『뇌과학과 마음의 정체』, 하나의학사, 2009
최현석, 『인간의 모든 감정』, 서해문집, 2011
고대민족문화연구소, 『한국고전문학전집』, 양우당, 1981
조준희 엮음, 『이극로 전집』, 소명출판, 2019
일지사, 『한국학보』 102집, 2001 봄
국학연구소, 『국학연구』 1(1988), 15(2011)
국학연구원, 『선도문화』 5(2008), 31(2021)

안호상, 『겨레 역사 6천년』 깁더판, 기린원, 1992
대종교, 『종보』 1(1957), 2(1957)
정재승, 『민족비전 정신수련법』, 정신세계사, 1998
김정빈, 『단』, 정신세계사, 1985
배우리, 『우리땅 이름의 뿌리를 찾아서』, 토담, 1944
김교헌, 『신단실기』, 이민수 옮김, 1994
국학연구소, 『알소리』 3, 한뿌리, 2006
이능화, 『조선도교사』, 이종은 역, 보성문화사, 1983
조자용, 『삼신민고』, 가나아트, 1995
이종은, 『한국시가상의 도교 사상』, 보성문화사, 1982
대한기독교서회, 『기독교사상』 15, 1971
이능화, 『조선무속고』, 백록출판사, 1983
이재근, 『서울의 민간신앙』, 백산출판사, 1996

일체화 하느님과 사람의 조응

2025년 6월 10일 초판 발행

저 자 ㅣ최윤수
발행인 ㅣ이승한
편 집 ㅣ임선실
발행처 ㅣ도서출판 엠-애드
등 록 ㅣ제2-2554
주 소 ㅣ서울시 중구 마른내로 8길 30
전 화 ㅣ02)2278·8063/4
팩 스 ㅣ02)2275-8064
이메일 ㅣmadd1@hanmail.net

ISBN: 978-89-6575-187-8(03250)
값 16,000원

저자와의 합의하에 인지 첨부 생략합니다.
파본은 구입하신 서점에서 교환해 드립니다.
이 책은 저작권법에 의해 보호를 받는 저작물이므로
무단전재와 복제를 금합니다.